ग्राम्या

ग्राम्या

सुमित्रानन्दन पन्त

लोकभारती प्रकाशन

लोकभारती प्रकाशन
पहली मंजिल, दरबारी बिल्डिंग, महात्मा गांधी मार्ग
प्रयागराज-211 001

वेबसाइट : www.lokbhartiprakashan.com
ईमेल : info@lokbhartiprakashan.com

शाखाएँ : 1-बी, नेताजी सुभाष मार्ग, दरियागंज
नई दिल्ली-110 002
अशोक राजपथ, साइंस कॉलेज के सामने
पटना-800 006
1, अनमोल सोराबजी संतुक लेन, धोबी तलाव,
मरीन लाइंस, मुम्बई-400 002

पहला संस्करण : 1940
तेरहवाँ संस्करण : 2024

मूल्य : ₹395

मुद्रक : बी.के. ऑफसेट
नवीन शाहदरा, दिल्ली-110 032

GRAMYA
by Sumitranandan Pant

ISBN : 978-93-86863-02-7

प्रिय नरेन्द्र को

अनुक्रम

निवेदन

ग्राम्या में मेरी युगवाणी के बाद की रचनाएँ संगृहीत हैं। इनमें पाठकों को ग्रामीणों के प्रति केवल बौद्धिक सहानुभूति ही मिल सकती है। ग्राम जीवन में मिलकर, उसके भीतर से, ये अवश्य नहीं लिखी गयी हैं। ग्रामों की वर्तमान दशा में वैसा करना केवल प्रतिक्रियात्मक साहित्य को जन्म देना होता। 'युग', 'संस्कृति' आदि शब्द इन रचनाओं में वर्तमान और भविष्य दोनों के लिए प्रयुक्त हुए हैं, जिसे समझने में पाठकों को कठिनाई नहीं होगी; ग्राम्या की पहली कविता 'स्वप्न पट' से यह बात स्पष्ट हो जाती है। 'बापू' और 'महात्मा जी के प्रति', 'चरखा गीत' और 'सूत्रधार'-जैसी कुछ कविताओं में बाहरी दृष्टि से एक विचार-वैषम्य जान पड़ता है, पर यदि हम 'आज' और 'कल' दोनों को देखेंगे तो वह विरोध नहीं रहेगा।

अन्त में मेरा निवेदन है कि ग्राम्या में ग्राम्य दोषों का होना अत्यन्त स्वाभाविक है, सहृदय पाठक उनसे विचलित न हों।

नक्षत्र
कालाकांकर (अवध)
१ मार्च, १९४० ई.

सुमित्रानन्दन पन्त

स्वप्न पट

ग्राम नहीं, वे ग्राम आज
औ' नगर न नगर जनाऽकर,
मानव कर से निखिल प्रकृति जग
संस्कृत सार्थक, सुन्दर!

देश राष्ट्र वे नहीं,
जीर्ण जग पतझर त्रास समापन,
नील गगन है : हरित धरा :
नव युग : नव मानव जीवन!

आज मिट गये दैन्य दुःख,
सब क्षुधा तृषा के क्रन्दन
भावी स्वप्नों के पट पर
युग जीवन करता नर्तन!

डूब गये सब तर्क वाद,
सब देशों राष्ट्रों के रण;
डूब गया रव घोर क्रान्ति का,
शान्त विश्व संघर्षण!

जाति वर्ण की, श्रेणि वर्ग की
तोड़ भित्तियाँ दुर्धर
युग-युग के बन्दीगृह से
मानवता निकली बाहर!

नाच रहे रवि शशि,
दिगन्त में,—नाच रहे ग्रह उडुगण,
नाच रहा भूगोल,
नाचते नर नारी हर्षित मन!

फुल्ल रक्त शतदल पर शोभित
युग लक्ष्मी लोकोज्ज्वल
अयुत करों से लुटा रही
जन हित, जन बल, जन मंगल!

ग्राम नहीं वे, नगर नहीं वे,
मुक्त दिशा औ' क्षण से
जीवन की क्षुद्रता निखिल
मिट गयी मनुज जीवन से!

दिसम्बर, '३९.

ग्राम कवि

यहाँ न पल्लव वन में मर्मर,
यहाँ न मधु विहगों में गुंजन,
जीवन का संगीत बन रहा
यहाँ अतृप्त हृदय का रोदन!

यहाँ नहीं शब्दों में बँधती
आदर्शों की प्रतिमा जीवित,
यहाँ व्यर्थ है चित्र गीत में
सुन्दरता को करना संचित!

यहाँ धरा का मुख कुरूप है,
कुत्सित गर्हित जन का जीवन,
सुन्दरता का मूल्य वहाँ क्या
जहाँ उदर है क्षुब्ध, नग्न तन?–

जहाँ दैन्य जर्जर असंख्य जन
पशु–जघन्य क्षण करते यापन,
कीड़ों–से रेंगते मनुज शिशु,
जहाँ अकाल वृद्ध है यौवन!

सुलभ यहाँ रे कवि को जग में
युग का नहीं सत्य शिव सुन्दर,
कँप कँप उठते उसके उर की
व्यथा विमूर्च्छित वीणा के स्वर!

दिसम्बर, '३९.

ग्राम

बृहद् ग्रन्थ मानव जीवन का, काल ध्वंस से कवलित,
ग्राम आज है पृष्ठ जनों की करुण कथा का जीवित!
युग-युग का इतिहास सभ्यताओं का इसमें संचित,
संस्कृतियों की ह्रास वृद्धि जन शोषण से रेखांकित!

हिंस्र विजेताओं, भूपों के आक्रमणों की निर्दय,
जीर्ण हस्तलिपि यह नृशंस गृह संघर्षों की निश्चय!
धर्मों का उत्पात, जातियों, वर्गों का उत्पीड़न,
इसमें चिर संकलित रूढ़ि, विश्वास, विचार सनातन!
चर घर के बिखरे पन्नों में नग्न, क्षुधार्त कहानी,
जन मन के दयनीय भाव कर सकती प्रकट न वाणी!
मानव दुर्गति की गाथा से ओतप्रोत मर्मान्तक
सदियों के अत्याचारों की सूची यह रोमांचक!

मनुष्यत्व के मूलतत्त्व ग्रामों ही में अन्तर्हित,
उपादान भावी संस्कृति के भरे यहाँ हैं अविकृत!
शिक्षा के सत्याभासों से ग्राम नहीं हैं पीड़ित,
जीवन के संस्कार अविद्या-तम में जन के रक्षित!

जनवरी, '४०.

ग्राम दृष्टि

देख रहा हूँ आज विश्व को मैं ग्रामीण नयन से
सोच रहा हूँ जटिल जगत् पर, जीवन पर जन मन से!

ज्ञान नहीं है, तर्क नहीं है, कला न भाव विवेचन,
जन हैं, जग है, क्षुधा, काम, इच्छाएँ, जीवन साधन!

रूप जगत् है, रूप दृष्टि है, रूप बोधमय है मन,
माता-पिता, बन्धु, बान्धव, परिजन पुरजन, भू गो धन!

रूढ़ि रीतियों के प्रचलित पथ, जाति पाँति के बन्धन,
नियत कर्म हैं, नियत कर्म फल,—जीवन चक्र सनातन!

जन्म मरण के सुख दुःख के ताने बानों का जीवन,
निठुर नियति के धूपछाँह जग का रहस्य है गोपन!

देख रहा हूँ निखिल विश्व को मैं ग्रामीण नयन से,
सोच रहा हूँ जग पर, मानव जीवन पर जन मन से!

रूढ़ि नहीं है, रीति नहीं है, जाति वर्ण केवल भ्रम,
जन-जन में है जीव, जीव-जीवन में सब जन हैं सम!

ज्ञान वृथा है, तर्क वृथा, संस्कृतियाँ व्यर्थ पुरातन,
प्रथम जीव है मानव में, पीछे है सामाजिक जन!

मनुष्यत्व के मान वृथा, विज्ञान वृथा रे दर्शन,
वृथा धर्म, गणतन्त्र,—उन्हें यदि प्रिय न जीव जन जीवन!

दिसम्बर, '३९.

ग्राम चित्र

यहाँ नहीं है चहल पहल वैभव विस्मित जीवन की,
यहाँ डोलती वायु म्लान सौरभ मर्मर ले वन की!

आता मौन प्रभात अकेला, सन्ध्या भरी उदासी,
यहाँ घूमती दोपहरी में स्वप्नों की छाया-सी!

यहाँ नहीं विद्युत दीपों का दिवस निशा में निर्मित,
अँधियाली में रहती गहरी अँधियाली भय-कल्पित!

यहाँ खर्व नर (वानर ?) रहते युग-युग से अभिशापित,
अन्न वस्त्र पीड़ित असभ्य, निर्बुद्धि, पंक में पालित!

यह तो मानव लोक नहीं रे, यह है नरक अपरिचित,
यह भारत का ग्राम,–सभ्यता, संस्कृति से निर्वासित!

झाड़-फूँस के विवर,–यही क्या जीवन शिल्पी के घर?
कीड़ों-से रेंगते कौन ये? बुद्धि प्राण नारी नर?

अकथनीय क्षुद्रता, विवशता भरी यहाँ के जग में,
गृह-गृह में है कलह, खेत में कलह, कलह है मग में?

यह रवि शशि का लोक,–जहाँ हँसते समूह में उडुगण,
जहाँ चहकते विहग, बदलते क्षण-क्षण विद्युत् प्रभ घन!

यहाँ वनस्पति रहते, रहती खेतों की हरियाली,
यहाँ फूल हैं, यहाँ ओस, कोकिला, आम की डाली!

ये रहते हैं यहाँ,–और नीला नभ, बोई धरती,
सूरज का चौड़ा प्रकाश, ज्योत्स्ना चुपचाप विचरती!

प्रकृति धाम यह : तृण-तृण, कण-कण जहाँ प्रफुल्लित जीवित,
यहाँ अकेला मानव ही रे चिर विषण्ण जीवन-मृत!!

दिसम्बर, '३९.

ग्राम युवती

उन्मद यौवन से उभर
घटा-सी नव असाढ़ की सुन्दर
अति श्याम वरण,
श्लथ, मन्द चरण,
इठलाती आती ग्राम युवति
वह गजगति
सर्प डगर पर!

सरकाती पट,
खिसकाती लट,—
शरमाती झट
वह नमित दृष्टि से देख उरोजों के युग घट!
हँसती खलखल
अबला चंचल
ज्यों फूट पड़ा हो स्रोत सरल
भर फेनोज्ज्वल दशनों से अधरों के तट!

वह मग में रुक,
मानो कुछ झुक,
आँचल सँभालती, फेर नयन मुख,
पा प्रिय पद की आहट;
आ ग्राम युवक,
प्रेमी याचक
जब उसे ताकता है इकटक,

उल्लसित,
चकित,
वह लेती मूँद पलक पट!

पनघट पर
मोहित नारी नर!–
जब जल से भर
भारी गागर
खींचती उबहनी वह, बरबस
चोली से उभर–उभर कसमस
खिंचते संग युग रस भरे कलश;–
जल छलकाती,
रस बरसाती,
बल खाती वह घर को जाती,
सिर पर घट
उर पर धर पट!

कानों में गुड़हल
खोंस,–धवल
या कुँई, कनेर, लोध पाटल;
वह हरसिंगार से कच सँवार,
मृदु मौलसिरी के गूँथ हार,
गउओं संग करती वन विहार,
पिक चातक के संग दे पुकार,–
वह कुन्द, कांस से,
अमलतास से,

आम्र मौर, सहजन, पलाश से,
निर्जन में सज ऋतु सिंगार!
तन पर यौवन सुषमाशाली
मुख पर श्रमकण, रवि की लाली,
सिर पर धर स्वर्ण शस्य डाली,
वह मेड़ों पर आती जाती,
उरु मटकाती,
कटि लचकाती
चिर वर्षातप हिम की पाली
धनि श्याम वरण,
अति क्षिप्र चरण,
अधरों से धरे पकी बाली!

रे दो दिन का
उसका यौवन!
सपना छिन का
रहता न स्मरण!
दुःखों से पिस,
दुर्दिन में घिस,
जर्जर हो जाता उसका तन!
ढह जाता असमय यौवन धन!
बह जाता तट का तिनका
जो लहरों से हँस खेला कुछ क्षण!!

दिसम्बर, '३९.

ग्राम नारी

स्वाभाविक नारी जन की लज्जा से वेष्टित,
नित कर्म निष्ठ, अंगों की हृष्ट-पुष्ट सुन्दर,
श्रम से हैं जिसके क्षुधा काम चिर मर्यादित,
वह स्वस्थ ग्राम नारी, नर की जीवन सहचर!

वह शोभा पात्र नहीं कुसुमादपि मृदुल गात्र,
वह नैसर्गिक जीवन संस्कारों से चालित;
सत्याभासों में पली न छाया मूर्ति मात्र;
जीवन रण में सक्षम, संघर्षों से शिक्षित!

वह वर्ग नारियों-सी न सुज्ञ, संस्कृत, कृत्रिम,
रंजित कपोल भ्रू अधर, अंग सुरभित वासित;
छाया प्रकाश की सृष्टि,–उसे सम ऊष्मा हिम,
वह नहीं कुलों की काम वन्दिनी अभिशापित!

स्थिर, स्नेह स्निग्ध है उसका उज्ज्वल दृष्टिपात,
वह द्वन्द्व ग्रन्थि से मुक्त मानवी है प्राकृत,
नागरियों का नट रंग प्रणय उसको न ज्ञात,
सम्मोहन, विभ्रम, अंग भंगिमा में अपठित!

उसमें यत्नों से रक्षित, वैभव से पोषित
सौन्दर्य मधुरिमा नहीं, न शोभा सौकुमार्य,
वह नहीं स्वप्नशायिनी प्रेयसी ही परिचित,
वह नर की सहधर्मिणी, सदा प्रिय जिसे कार्य!

पिक चातक की मादक पुकार से उसका मन
हो उठता नहीं प्रणय स्मृतियों से आन्दोलित,
चिर क्षुधा शीत की चीत्कारें, दुःख का क्रन्दन
जीवन के पथ से उसे नहीं करते विचलित!

है मांसपेशियों में उसके दृढ़ कोमलता,
संयोग अवयवों में, अश्लथ उसके उरोज,
कृत्रिम रति की है नहीं हृदय में आकुलता,
उद्दीप्त न करता उसे भाव कल्पित मनोज!

वह स्नेह, शील, सेवा, ममता की मधुर मूर्ति,
यद्यपि चिर दैन्य, अविद्या के तम से पीड़ित,
कर रही मानवी के अभाव की आज पूर्ति
अग्रजा नागरी की,–यह ग्राम वधू निश्चित!

दिसम्बर, '३९.

कठपुतले

ये जीवित हैं या जीवन्मृत!
या किसी काल विष से मूर्छित?
ये मनुजाकृति ग्रामिक अगणित!
स्थावर, विषण्ण, जड़वत्, स्तम्भित!

किस महारात्रि तम में निद्रित
ये प्रेत?–स्वप्नवत् संचालित!
किस मोह मन्त्र से रे कीलित
ये दैव दग्ध, जग के पीड़ित!!

बाम्हन, ठाकुर, लाला, कहार,
कुर्मी, अहीर, बारी, कुम्हार,
नाई, कोरी, पासी, चमार,
शोषित किसान या ज़मींदार–

ये हैं खाते पीते, रहते,
चलते फिरते, रोते हँसते,
लड़ते मिलते, सोते जगते,
आनन्द, नृत्य, उत्सव करते;–

पर जैसे कठपुतले निर्मित,
छल प्रतिमाएँ भूषित सज्जित!
युग–युग की प्रेतात्मा अविदित
इनकी गतिविधि करती यन्त्रित!

ये छाया तन, ये माया जन,
विश्वास मूढ़ नर–नारी गण,
चिर रूढ़ि रीतियों के गोपन
सूत्रों में बँध करते नर्तन!

पा गत संस्कारों के इंगित
ये क्रियाचार करते निश्चित,
कल्पित स्वर में मुखरित, स्पन्दित
क्षण–भर को ज्यों लगते जीवित!

ये मनुज नहीं हैं रे जागृत
जिनका उर भावों से दोलित,
जिनमें महत्त्वाकांक्षाएँ नित
होतीं समुद्र–सी आलोड़ित!

जो बुद्धिप्राण, करते चिन्तन,
तत्त्वान्वेषण, सत्यालोचन,
जो जीवन शिल्पी चिर शोभन
संचारित करते भव जीवन!

ये दारु मूर्तियाँ हैं चित्रित,
जो घोर अविद्या में मोहित;
ये मानव नहीं, जीव शापित,
चेतना विहीन, आत्म विस्मृत!

दिसम्बर, '३९.

वे आँखें

अन्धकार की गुहा सरीखी
उन आँखों से डरता है मन,
भरा दूर तक उनमें दारुण
दैन्य दुःख का नीरव रोदन!
अह, अथाह नैराश्य, विवशता का
उनमें भीषण सूनापन,
मानव के पाशव पीड़न का
देतीं वे निर्मम विज्ञापन!

फूट रहा उनसे गहरा आतंक,
क्षोभ, शोषण, संशय, भ्रम,
डूब कालिमा में उनकी
कँपता मन, उनमें मरघट का तम।
ग्रस लेती दर्शक को वह
दुर्ज्ञेय दया की भूखी चितवन,
झूल रहा उस छाया-पट में
युग-युग का जर्जर जन जीवन!

वह स्वाधीन किसान रहा,
अभिमान भरा आँखों में इसका,
छोड़ उसे मझधार आज
संसार कगार सदृश वह खिसका!
लहराते वे खेत दृगों में
हुआ बेदखल वह अब जिन से,

हँसती थी उसके जीवन की
 हरियाली जिसके तृन-तृन से!

आँखों ही में घूमा करता
 वह उसकी आँखों का तारा,
कारकुनों की लाठी से जो
 गया जवानी ही में मारा!
बिका दिया घर द्वार,
 महाजन ने न ब्याज की कौड़ी छोड़ी,
रह-रह आँखों में चुभती वह
 कुर्क हुई बरधों की जोड़ी!

उजरी उसके सिवा किसे कब
 पास दुहाने आने देती?
अह, आँखों में नाचा करती
 उजड़ गयी जो सुख की खेती!
बिना दवा दर्पन के घरनी
 स्वरग चली,-आँखें आतीं भर,
देख-रेख के बिना दुधमुँही
 बिटिया दो दिन बाद गयी मर!

घर में विधवा रही पतोहू,
 लछमी थी, यद्यपि पति घातिन,
पकड़ मँगाया कोतवाल ने,
 डूब कुएँ में मरी एक दिन!
खैर, पैर की जूती, जोरू
 न सही एक, दूसरी आती,

पर जवान लड़के की सुध कर
साँस लोटते, फटती छाती!

पिछले सुखी की स्मृति आँखों में
क्षण-भर एक चमक है लाती,
तुरत शून्य में गड़ वह चितवन
तीखी नोक सदृश बन जाती!
मानव की चेतना न ममता
रहती तब आँखों में उस क्षण!
हर्ष, शोक, अपमान, ग्लानि,
दुःख दैन्य न जीवन का आकर्षण

उस अवचेतन क्षण में मानो
वे सुदूर करतीं अवलोकन
ज्योति तमस के परदों पर
युग जीवन के पट का परिवर्तन!
अन्धकार की अतल गुहा-सी
अह, उन आँखों से डरता मन,
वर्ग सभ्यता के मन्दिर के
निचले तल की वे वातायन!

जनवरी, '४०.

गाँव के लड़के

मिट्टी से भी मटमैले तन,
अधफटे, कुचैले, जीर्ण वसन,—
ज्यों मिट्टी के हों बने हुए
ये गँवई लड़के—भू के धन!

कोई खण्डित, कोई कुण्ठित,
कृश बाहु, पसलियाँ रेखांकित,
टहनी-सी टाँगें, बढ़ा पेट
टेढ़े-मेढ़े, विकलांग घृणित!

विज्ञान चिकित्सा से वंचित,
ये नहीं धात्रियों से रक्षित,
ज्यों स्वास्थ्य सेज हो, ये सुख से
लोटते धूल में चिर परिचित!

पशुओं-सी भीत मूक चितवन,
प्राकृतिक स्फूर्ति से प्रेरित मन,
तृण तरुओं-से उग-बढ़, झर-गिर,
ये ढोते जीवन क्रम के क्षण!

कुल मान न करना इन्हें वहन,
चेतना ज्ञान से नहीं गहन,
जग जीवन धारा में बहते
ये मूक, पंगु बालू के कण!

कर्दम में पोषित जन्मजात,
जीवन ऐश्वर्य न इन्हें ज्ञात,
ये सुखी या दुःखी? पशुओं-से
जो सोते-जगते साँझ प्रात!

इन कीड़ों का भी मनुज बीज,
यह सोच हृदय उठता पसीज,
मानव प्रति मानव की विरक्ति
उपजाती मन में क्षोभ खीझ!

फरवरी, '४०.

वह बुड्ढा

खड़ा द्वार पर लाठी टेके,
वह जीवन का बूढ़ा पंजर,
चिमटी उसकी सिकुड़ी चमड़ी
हिलते हड्डी के ढाँचे पर।

उभरी ढीली नसें जाल-सी
सूखी ठठरी से हैं लिपटी,
पतझर में ठूँठे तरु से ज्यों
सूनी अमरबेल हो चिपटी।

उसका लम्बा डील-डौल है,
हट्टी-कट्टी काठी चौड़ी,
इस खँडहर में बिजली-सी
उन्मत्त जवानी होगी दौड़ी!

बैठी छाती की हड्डी अब,
झुकी रीढ़ कमठा-सी टेढ़ी,
पिचका पेट, गढ़े कन्धों पर,
फटी बिवाई से हैं एड़ी!

बैठ, टेक धरती पर माथा,
वह सलाम करता है झुककर,
उस धरती से पाँव उठा लेने को
जी करता है क्षण-भर!

घुटनों से मुड़ उसकी लम्बी
टाँगें जाँघें सटी परस्पर,
झुका बीच में शीश, झुर्रियों का
झाँझर मुख निकला बाहर!

हाथ जोड़, चौड़े पंजों की
गुँथी अँगुलियों को कर सम्मुख,
मौन त्रस्त चितवन से,
कातर वाणी से वह कहता निज दुःख!

गर्मी के दिन, धरे उपरनी सिर पर,
लुंगी से ढाँपे तन,–
नंगी देह भरी बालों से,–
वनमानुस–सा लगता वह जन!

भूखा है : पैसे पा, कुछ गुनमुना,
खड़ा हो, जाता वह घर,
पिछले पैरों के बल उठ
जैसे कोई चल रहा जानवर!

काली नारकीय छाया निज
छोड़ गया वह मेरे भीतर,
पैशाचिक–सा कुछ : दुःखों से
मनुज गया शायद उसमें मर!

जनवरी, '४०.

धोबियों का नृत्य

लो, छन छन, छन छन,
छन छन, छन छन,
नाच गुजरिया हरती मन!

धनि के पैरों में घुँघरू कल,
नट की कटि में घण्टियाँ तरल,
वह फिरकी-सी फिरती चंचल,
नट की कटि खाती सौ-सौ बल,

लो, छन छन, छन छन,
छन छन, छन छन,
ठुमुक गुजरिया हरती मन!

उड़ रहा ढोल धाधिन, धातिन,
औ, हुडुक घुडुकता ढिम ढिम ढिम,
मंजीर खनकते खिन खिन खिन,
मद मस्त रजक, होली का दिन,

लो, छन छन, छन छन,
छन छन, छन छन,
थिरक गुजरिया हरती मन!

वह काम शिखा-सी रही सिहर,
नट की कटि में लालसा भँवर,

कँप-कँप नितम्ब उसके थर-थर
भर रहे घण्टियों में रति स्वर,

लो, छन छन, छन छन,
छन छन, छन छन,
मत्त गुजरिया हरती मन!

फहराता लहँगा लहर-लहर,
उड़ रही ओढ़नी फर् फर् फर्,
चोली के कन्दुक रहे उघर,
(स्त्री नहीं गुजरिया, वह है नर!)

लो, छन छन, छन छन,
छन छन, छन छन,
हुलस गुजरिया हरती मन!

उर की अतृप्त वासना उभर
इस ढोल मंजीरे के स्वर पर
नाचती, गान के फैला पर,
प्रिय जन गण को उत्सव अवसर,—

लो, छन छन, छन छन,
छन छन, छन छन,
चतुर गुजरिया हरती मन!

जनवरी, '४०.

ग्राम वधू

जाती ग्राम वधू पति के घर!
मा से मिल, गोदी पर सिर धर
गा गा बिटिया रोती जी भर,
जन जन का मन करुणा कातर,
जाती ग्राम वधू पति के घर!

भीड़ लग गयी लो स्टेशन पर,
सुन यात्री ऊँचा रोदन स्वर
झाँक रही खिड़की से बाहर,
जाती ग्राम वधू पति के घर!

चिन्तातुर सब, कौन गया मर,
पहियों से दब, कट पटरी पर,
पुलिस कर रही कहीं पकड़-धर!
जाती ग्राम वधू पति के घर!

मिलती ताई से गा रोकर,
मौसी से वह आपा खोकर,
बारी-बारी रो, चुप होकर,
जाती ग्राम वधू पति के घर!

बिदा फुआ से ले हाहाकर,
सखियों से रो धो बतिया कर,
पड़ोसिनों पर टूट, रँभा कर,
जाती ग्राम वधू पति के घर!

माँ कहती,—रखना सँभाल घर,
मौसी,—धनि, लाना गोदी भर,
सखियाँ,—जाना हमें मत बिसर,
जाती ग्राम वधू पति के घर!

नहीं आँसुओं से आँचल तर,
जन बिछोह से हृदय न कातर,
रोती वह रोने का अवसर,
जाती ग्राम वधू पति के घर!

लो, अब गाड़ी चल दी भर्-भर्,
बतलाती धनि पति से हँसकर,
सुस्थिर डिब्बे के नारी नर,
जाती ग्राम वधू पति के घर!

रोना गाना यहाँ चलन भर,
आता उसमें उभर न अन्तर,
रूढ़ि यन्त्र जन जीवन परिकर,
जाती ग्राम वधू पति के घर!

जनवरी, '४०.

ग्राम श्री

फैली खेतों में दूर तलक
मखमल की कोमल हरियाली,
लिपटीं जिससे रवि की किरणें
चाँदी की-सी उजली जाली!
तिनकों के हरे-हरे तन पर
हिल हरित रुधिर है रहा झलक,
श्यामल भू तल पर झुका हुआ
नभ का चिर निर्मल नील फलक!

रोमांचित-सी लगती वसुधा
आयी जौ गेहूँ में बाली,
अरहर सनई की सोने की
किंकिणियाँ हैं शोभाशाली!
उड़ती भीनी तैलाक्त गन्ध
फूली सरसों पीली-पीली,
लो, हरित धरा से झाँक रही
नीलम की कलि, तीसी नीली!

रंग-रंग के फूलों में रिलमिल
हँस रही संखियाँ मटर खड़ी,
मखमली पेटियों-सी लटकीं
छीमियाँ, छिपाये बीज लड़ी!
फिरती हैं रंग-रंग की तितली
रंग-रंग के फूलों पर सुन्दर,
फूले फिरते हों फूल स्वयं
उड़-उड़ वृन्तों से वृन्तों पर!

अब रजत स्वर्ण मंजरियों से
　　लद गयी आम्र तरु की डाली,
झर रहे ढाँक, पीपल के दल,
　　हो उठी कोकिला मतवाली!
महके कटहल, मुकुलित जामुन,
　　जंगल में झरबेरी झूली,
फूले आड़ू, नीबू, दाड़िम,
　　आलू, गोभी, बैंगन, मूली!

पीले मीठे अमरूदों में
　　अब लाल-लाल चित्तियाँ पड़ीं,
पक गये सुनहले मधुर बेर,
　　अँवली से तरु की डाल जड़ीं!
लहलह पालक, महमह धनिया,
　　लौकी औ' सेम फलीं, फैलीं
मखमली टमाटर हुए लाल,
　　मिरचों की बड़ी हरी थैली!

गंजी को मार गया पाला,
　　अरहर के फूलों को झुलसा,
हाँका करती दिन भर बन्दर
　　अब मालिन की लड़की तुलसा!
बालाएँ गजरा काट-काट,
　　कुछ कह गुपचुप हँसती किन-किन,
चाँदी की-सी घण्टियाँ तरल
　　बजती रहतीं रह-रह खिन-खिन!

छायातप के हिलकोरों में
चौड़ी हरीतिमा लहराती,
ईखों के खेतों पर सफेद
काँसों की झण्डी फहराती;
ऊँची अरहर में लुका-छिपी
खेलतीं युवतियाँ मदमाती,
चुम्बन पा प्रेमी युवकों के
श्रम से श्लथ जीवन बहलातीं!

बगिया के छोटे पेड़ों पर
सुन्दर लगते छोटे छाजन,
सुन्दर गेहूँ की बालों पर
मोती के दानों-से हिमकन;
प्रातः ओझल हो जाता जग,
भू पर आता ज्यों उतर गगन,
सुन्दर लगते फिर कुहरे से
उठते-से खेत, बाग, गृह, वन!

बालू के साँपों से अंकित
गंगा की सतरंगी रेती
सुन्दर लगती सरपत छायी
तट पर तरबूजों की खेती;
अँगुली की कंघी से बगुले
कलँगी सँवारते हैं कोई,
तिरते जल में सुरखाब, पुलिन पर
मगरौठी रहती सोई!

डुबकियाँ लगाते सामुद्रिक,
धोती पीली चोंच धोबिन,
उड़ अबाबील, टिटिहरी, बया
चाहा चुगते कर्दम, कृमि, तृन!
नीले नभ में पीलो के दल
आतप में धीरे मँडराते;
रह-रह काले, भूरे सफेद
पंखों में रंग आते जाते!

लटके तरुओं पर विहग नीड़
वनचर लड़कों को हुए ज्ञात,
रेखा-छवि विरल टहनियों की
ठूँठे तरुओं के नग्न गात!
आँगन में दौड़ रहे पत्ते,
घूमती भँवर-सी शिशिर वात,
बदली छँटने पर लगती प्रिय
ऋतुमती धरित्री सद्य स्नात।

हँसमुख हरियाली हिम-आतप
सुख से अलसाये-से सोये,
भीगी अँधियाली में निशि की
तारक स्वप्नों में-से खोये,-
मरकत डिब्बे-सा खुला ग्राम-
जिस पर नीलम नभ आच्छादन,-
निरुपम हिमान्त में स्निग्ध शान्त
निज शोभा से हरता जन मन!

फरवरी, '४०.

नहान

जन पर्व मकर संक्रान्ति आज
उमड़ा नहान को जन समाज
गंगा तट पर सब छोड़ काज!

नारी-नर कई कोस पैदल
आ रहे चले लो, दल-के-दल
गंगा दर्शन को पुण्योज्ज्वल!

लड़के, बच्चे, बूढ़े, जवान,
रोगी, भोगी, छोटे, महान्,
क्षेत्रपति, महाजन औ' किसान!

दादा, नानी, चाचा, ताई,
मौसा, फूफी, मामा, माई,
मिल ससुर, बहू, भावज, भाई!

गा रही स्त्रियाँ मंगल कीर्त्तन,
भर रहे तान नव युवक मगन
हँसते, बतलाते बालक गण!

अतलस, सिंगी, केला औ' सन
गोटे गोखुरू टँगे,-स्त्री जन
पहनीं छीटें, फुलवर, साटन!

बहु काले, लाल, हरे, नीले
बैंगनी, गुलाबी, पट पीले,
रंग-रंग के हलके, चटकीले!

सिर पर है चँदवा शीशफूल,
कानों में झुमके रहे झूल,
बिरिया, गलचुमनी, कर्णफूल!

माथे के टीके पर जन मन,
नासा में नथिया, फुलिया, कन,
बेसर, बुलाक, झुलनी, लटकन!

गल में कटवा, कण्ठा, हँसली,
उर में हुमेल कल चम्पकली,
जुगनी, चौकी, मूँगे नकली!

बाँहों में बहु बहुँटे, जोशन,
बाजूबन्द, पट्टी, बाँक सुषम,
गहने ही गँवारिनों के धन!

कंगने, पहुँची, मृदु पहुँचों पर,
पिछला, मँझुवा अगला क्रमतर
चूड़ियाँ फूल की मठियाँ वर!

हथफूल पीठ पर कर के धर,
उँगलियाँ मुँदरियों से सब भर,
आरसी अँगूठे में देकर-

वे कटि में चल करधनी पहन,
पाँवों में पायजेब, झाँझन,
बहु छड़े, कड़े, बिछिया शोभन,–

यों सोने-चाँदी से झंकृत,
जातीं वे पीतल गिलट खचित,
बहु भाँति गोदना से चित्रित!

ये शत, सहस्र नर-नारी जन
लगते प्रहृष्ट सब, मुक्त, प्रमन,
है आज न नित्य कर्म बन्धन!

विश्वास मूढ़, निःसंशय मन,
करने आये ये पुण्यार्जन,
युग-युग से मार्ग भ्रष्ट जनगण!

इनमें विश्वास अगाध, अटल,
इनको चाहिए प्रकाश नवल,
भर सके नया जो इनमें बल!

ये छोटी बस्ती में कुछ क्षण
भर आये आज जीवन स्पन्दन,–
प्रिय लगता जनगण सम्मेलन!

फरवरी, '४०.

गंगा

अब आधा जल निश्चल, पीला,
आधा जल चंचल औ' नीला,–
गीले तन पर मृदु सन्ध्यातप
सिमटा रेशम पट–सा ढीला।
... ...

ऐसे सोने के साँझ प्रात,
ऐसे चाँदी के दिवस रात,
ले जाती बहा कहाँ गंगा
जीवन के युग क्षण,–किसे ज्ञात!

विश्रुत हिम पर्वत से निर्गत,
किरणोज्ज्वल चल कल ऊर्मि निरत
यमुना, गोमती आदि से मिल
होती यह सागर में परिणत!

यह भौगोलिक गंगा परिचित,
जिसके तट पर बहु नगर प्रथित,
इस जड़ गंगा से मिली हुई
जन गंगा एक और जीवित!

वह विष्णुपदी, शिव मौलि स्रुता,
वह भीष्म प्रसू औ' जह्नु सुता,
वह देव निम्नगा, स्वर्गंगा,
वह सगर पुत्र तारिणी श्रुता!

वह गंगा यह केवल छाया,
वह लोक चेतना, यह माया,
वह आत्म वाहिनी ज्योति सरी,
यह भू पतिता, कंचुक काया!

वह गंगा जन मन से निःसृत,
जिसमें बहु बुद्बुद युग नर्तित,
वह आज तरंगित, संसृति के
मृत सैकत को करने प्लावित!

दिशि-दिशि का जन मत वाहित कर,
वह बनी अकूल अतल सागर,
भर देगी दिशि पल पुलिनों में
वह नव जीवन की रज उर्वर!

... ...

अब नभ पर रेखा शशि शोभित,
गंगा का जल श्यामल, कम्पित
लहरों पर चाँदी की किरणें
करतीं प्रकाशमय कुछ अंकित!

फरवरी, '४०.

चमारों का नाच

अररर...

मचा खूब हुल्लड़ हुड़दंग,
घमक घमाघम रहा मृदंग,
उछल-कूद, बकवाद झड़प में
खेल रही खुल हृदय उमंग
यह चमार चौदस का ढंग!

ठनक कसावर रहा ठनाठन,
थिरक चमारिन रही छनाछन,
झूम-झूम बाँसुरी करिंगा
बजा रहा, बेसुध सब हरिजन
गीत नृत्य के संग है प्रहसन!

मजलिस का मसखरा करिंगा
बना हुआ है रंग-बिरंगा,
भरे चिरकुटों से वह सारी
देह, हँसाता खूब लफंगा,
स्वाँग युद्ध का रच बेढंगा!

बँधा चाम का तवा पीठ पर,
पहुँचे पर बद्धी का हण्टर,
लिये हाथ में ढाल, टेढ़ही
दुमुँहा-सी बलखाई सुन्दर-
इतराता वह बन मुरलीधर!

ज़मींदार पर फबती कसता,
बाम्हन ठाकुर पर है हँसता,
बातों में वक्रोक्ति काकु औ'
श्लेष बोल जाता वह सस्ता,
कल काँटा को कह कलकत्ता!

घमासान हो रहा है समर,
उसे बुलाने आये अफसर,
गोला फट कर आँख उड़ा दे
छिपा हुआ वह, उसे यही डर,
खौफ़ न मरने का रत्ती भर!

'काका' उसका है साथी नट,
गदके उन पर जमा पटापट,
उसे टोकता– 'गोली खाकर
आँख जायगी क्यों बे नटखट?
भुन न जायगा भुनगे-सा झट?'

'गोली खायी ही हैं!' 'चल हट!'
'कई– भाँग की!' वाः, मेरे भट!
'सच काका!' भगवान् राम
'सीसे की गोली!' 'रामधे?' 'विकट!'
गदका उस पर पड़ता चटपट!

वह भी फौरन बद्धी कसकर
काका को देता प्रत्युत्तर,
खेत रह गये जब सब रण में
वह तब निधड़क गुस्से में भर,
लड़ने को निकला था बाहर!

लट्टू उसके गुन पर हरिजन,
छेड़ रहा वंशी फिर मोहन,
तिरछी चितवन से जन मन हर
इठला रही चमारिन छन–छन,
ठनक कसावर बजता ठन–ठन!

ये समाज के नीच अधम जन,
नाच–कूद कर बहलाते मन,
वर्णों के पद दलित चरण ये
मिटा रहे निज कसक औ' कुढ़न
कर उच्छृंखलता उद्धतपन!

अररर...
शोर, हँसी, हुल्लड़, हुड़दंग,
धमक रहा धाग्ड़ांग मृदंग
मार–पीट बकवास झड़प में
रंग दिखाती महुआ, भंग
यह चमार चौदस का ढंग!

जनवरी, '४०.

कहारों का रुद्र नृत्य

रंग-रंग के चीरों से भर अंग, चीरुवासा-से,
दैन्य शून्य में अप्रतिहत जीवन की अभिलाषा-से,
जटा घटा सिर पर, यौवन की श्मश्रु छटा आनन पर,
छोटी-बड़ी तूँबियाँ, रंग-रंग की गुरियाँ सज तन पर,
हुलस नृत्य करते तुम अटपट धर पटु पद, उच्छृङ्खल
आकांक्षा से समुच्छ्वसित जन मन का हिला धरातल!

फड़क रहे अवयव, आवेश विवश मुद्राएँ अंकित;
प्रखर लालसा की ज्वालाओं-सी अँगुलियाँ कम्पित;
ऊष्ण देश के तुम प्रगाढ़ जीवनोल्लास-से निर्भर,
बर्हभार उद्‌दाम कामना के-से खुले मनोहर!
एक हाथ में ताम्र डमरु धर, एक शिवा की कटि पर,
नृत्य तरंगित रुद्ध पूर-से तुम जन मन के सुखकर।

वाद्यों के उन्मत्त घोष से, गायन स्वर से कम्पित
जन इच्छा का गाढ़ चित्र कर हृदय पटल पर अंकित;
खोल गये संसार नया तुम मेरे मन में, क्षण-भर
जन संस्कृति का तिग्म स्फीत सौन्दर्य स्वप्न दिखलाकर!
युग-युग के सत्याभासों से पीड़ित मेरा अन्तर
जन मानव गौरव पर विस्मित : मैं भावी चिन्तन पर!

फरवरी, '४०.

भारतमाता

भारतमाता
ग्रामवासिनी!
खेतों में फैला है श्यामल
धूल भरा मैला-सा आँचल,
गंगा यमुना में आँसू जल
मिट्टी की प्रतिमा
उदासिनी!

दैन्य जड़ित अपलक नत चितवन
अधरों में चिर नीरव रोदन,
युग-युग के तम से विषण्ण मन,
वह अपने घर में
प्रवासिनी!

तीस कोटि सन्तान नग्न तन,
अर्द्ध क्षुधित, शोषित, निरस्त्र जन,
मूढ़, असभ्य, अशिक्षित, निर्धन,
नत मस्तक
तरु तल निवासिनी!

स्वर्ण शस्य पर-पदतल लुण्ठित,
धरती-सा सहिष्णु मन कुण्ठित,
क्रन्दन कम्पित अधर मौन स्मित,
राहु ग्रसित
शरदेन्दु हासिनी!

चिन्तित भृकुटि क्षितिज तिमिरांकित,
नमित नयन नभ वाष्पाच्छादित,
आनन श्री छाया शशि उपमित,
ज्ञान मूढ़
गीता प्रकाशिनी!

सफल आज उसका तप संयम,
पिला अहिंसा स्तन्य सुधोपम,
हरती जन मन भय, भव तम भ्रम
जग जननी
जीवन विकासिनी!

जनवरी, '४०.

चरखा गीत

भ्रम, भ्रम, भ्रम,–
घूम-घूम, भ्रम-भ्रम रे चरखा
कहताः 'मैं जन का परम सखा,
जीवन का सीधा-सा नुसखा–
श्रम, श्रम, श्रम!'

कहता : 'हे अगणित दरिद्रगण!
जिनके पास न अन्न, धन, वसन,
मैं जीवन उन्नति का साधन–
क्रम, क्रम, क्रम!'

भ्रम, भ्रम, भ्रम,–
'धुन रुई, निर्धनता दो धुन,
कात सूत, जीवन पट लो बुन;
अकर्मण्य, सिर मत धुन, मत धुन,
थम, थम, थम!'

'नग्न गात यदि भारत माँ का,
तो खादी समृद्धि की राका,
हरो देश की दरिद्रता का
तम, तम, तम!'

भ्रम, भ्रम, भ्रम,–
कहता चरखा प्रजातन्त्र से:
'मैं कामद हूँ सभी मन्त्र से;'
कहता हँस आधुनिक यन्त्र से:
'नम, नम, नम!'

'सेवक पालक शोषित जन का,
रक्षक मैं स्वदेश के धन का,
कातो हे, काटो तन मन का
भ्रम, भ्रम, भ्रम!'

दिसम्बर, '३९.

महात्मा जी के प्रति

निर्वाणोन्मुख आदर्शों के अन्तिम दीप शिखोदय!–
जिनकी ज्योति छटा के क्षण से प्लावित आज दिगंचल,–
गत आदर्शों का अभिनव ही मानव आत्मा की जय,
अतः पराजय आज तुम्हारी जय से चिर लोकोज्ज्वल!

मानव आत्मा के प्रतीक! आदर्शों से तुम ऊपर,
निज उद्देश्यों से महान्, निज यश से विशद, चिरन्तन;
सिद्ध नहीं तुम लोक सिद्धि के साधन बने महत्तर,
विजित आज तुम नर वरेण्य, गणजन विजयी साधारण!

युग-युग की संस्कृतियों का चुन तुमने सार सनातन
नव संस्कृति का शिलान्यास करना चाहा भव शुभकर,
साम्राज्यों ने ठुकरा दिया युगों का वैभव पाहन–
पदाघात से मोह मुक्त हो गया आज जन अन्तर!

दलित देश के दुर्दम नेता, हे ध्रुव, धीर, धुरन्धर,
आत्म शक्ति से दिया जाति शव को तुमने जीवन बल;
विश्व सभ्यता का होना था नखशिख नव रूपान्तर!
राम राज्य का स्वप्न तुम्हारा हुआ न यों ही निष्फल!

विकसित व्यक्तिवाद के मूल्यों का विनाश था निश्चय,
वृद्ध विश्व सामन्त काल का था केवल जड़ खँडहर
हे भारत के हृदय! तुम्हारे साथ आज निःसंशय
चूर्ण हो गया विगत सांस्कृतिक हृदय जगत् का जर्जर!

गत संस्कृतियों का आदर्शों का था नियत पराभव,
वर्ग व्यक्ति की आत्मा पर थे सौध धाम् जिनके स्थित;
तोड़ युगों के स्वर्ण पाश अब मुक्त हो रहा मानव,
जन मानवता की भव संस्कृति आज हो रही निर्मित!

किये प्रयोग नीति सत्यों के तुमने जन जीवन पर,
भावादर्श न सिद्ध कर सके सामूहिक जीवन-हित;
अधोमूल अश्वत्थ विश्व, शाखाएँ संस्कृतियाँ वर,
वस्तु विभव पर ही जनगण का भाव विभव अबलम्बित।

वस्तु सत्य का करते भी तुम जग में यदि आवाहन,
सब से पहले विमुख तुम्हारे होता निर्धन भारत;
मध्य युगों की नैतिकता में पोषित शोषित जनगण
बिना भाव-स्वप्नों को परखे कब हो सकते जाग्रत?

सफल तुम्हारा सत्यान्वेषण, मानव सत्यान्वेषक!
धर्म-नीति के मान अचिर सब, अचिर शास्त्र, दर्शन मत,
शासन, जनगण तन्त्र अचिर- युग स्थितियाँ जिनकी प्रेषक,
मानव गुण, भव रूप नाम होते परिवर्तित युगपत्!

पूर्ण पुरुष, विकसित मानव तुम, जीवन सिद्ध अहिंसक,
मुक्त हुए तुम मुक्त हुए-जन, हे जग वन्द्य महात्मन्!
देख रहे मानव भविष्य तुम मनश्चक्षु बन अपलक,
धन्य, तुम्हारे श्री चरणों से धरा आज चिर पावन!

दिसम्बर, '३९.

राष्ट्र गान

जन भारत हे!
भारत हे!

स्वर्ग स्तम्भवत् गौरव मस्तक
उन्नत हिमवत् हे,
जन भारत हे,
जाग्रत भारत हे!

गगन चुम्बि विजयी तिरंग ध्वज
इन्द्रचापवत् हे,
कोटि कोटि हम श्रमजीवी सुत
सम्भ्रम युत नत हे,
सर्व एक मत, एक ध्येय रत,
सर्व श्रेय व्रत हे,
जन भारत हे,
जाग्रत भारत हे!

समुच्चरित शत-शत कण्ठों से
जन युग स्वागत हे,
सिन्धु तरंगित, मलय श्वसित,
गंगाजल ऊर्मि निरत हे,
शरद इन्दु स्मित अभिनन्दन हित,
प्रतिध्वनित पर्वत हे,
स्वागत हे, स्वागत हे,

जन भारत हे,
जाग्रत भारत हे!

स्वर्ग खण्ड षड् ऋतु परिक्रमित,
आम्र मञ्जरित, मधुप गुञ्जरित,
कुसुमित फल द्रुम पिक कल कूजित
उर्वर, अभिमत हे,
दश दिशि हरित शस्य श्री हर्षित
पुलक राशिवत् हे,
जन भारत हे,
जाग्रत भारत हे!

जाति धर्म मत, वर्ग श्रेणि शत,
नीति रीति गत हे
मानवता में सकल समागत
जन मन परिणत हे,
अहिंसास्त्र जन का मनुजोचित
चिर अप्रतिहत हे,
बल के विमुख, सत्य के सम्मुख
हम श्रद्धानत हे,
जन भारत हे,
जाग्रत भारत हे!

किरण केलि रत रक्त विजय ध्वज
युग प्रभातवत् हे,

कीर्ति स्तम्भवत् उन्नत मस्तक
प्रहरी हिमवत् हे,
पद तल छू शत फेनिलोर्मि फन
शेषोदधि नत हे,
वर्ग मुक्त हम श्रमिक कृषक जन
चिर शरणागत हे,
जन भारत हे,
जाग्रत भारत हे!

जनवरी, '४०.

ग्राम देवता

राम राम,
हे ग्राम देवता, भूति ग्राम!
तुम पुरुष पुरातन, देव सनातन, पूर्णकाम,
शिर पर शोभित वर छत्र तड़ित् स्मित घन श्याम
वन पवन मर्मरित–व्यंजन, अन्न फल श्री ललाम!

तुम कोटि बाहु, वर हलधर, वृष वाहन बलिष्ठ,
मिट अशन, निर्वसन, क्षीणोदर, चिर सौम्य शिष्ट;
शिर स्वर्ण शस्य मञ्जरी मुकुट, गणपति वरिठ,
वाग्युद्ध वीर, क्षण क्रुद्ध धीर, नित कर्मनिष्ठ!

पिक वयनी मधुऋतु से प्रति वत्सर अभिनन्दित,
नव आम्र मंजरी मलय तुम्हें करता अर्पित;
प्रावृट् में तव प्रांगण घन गर्जन से हर्षित,
मरकत कल्पित नव हरित प्ररोहों में पुलकित!

शशि मुखी शरद् करती परिक्रमा कुन्द स्मित,
वेणी में खोंसे काँस, कान में कुँई लसित;
हिम तुमको करता तुहिन मोतियों से भूषित,
बहु सोन कोक युग्मों से तव सरि–सर कूजित!

अभिराम तुम्हारा बाह्य रूप, मोहित कवि मन,
नभ के नीलम सम्पुट में तुम मरकत शोभन!
पर, खोल आज निज अन्तःपुर के पट गोपन
चिर मोह मुक्त कर दिया, देव! तुमने यह जन!

राम राम

हे ग्राम देवता, रूढ़ि धाम!

तुम स्थिर, परिवर्तन रहित, कल्पवत् एक याम,
जीवन संघर्षण विरत, प्रगति पथ के विराम,
शिक्षक तुम, दस वर्षों से मैं सेवक, प्रणाम!

कवि अल्प, उडुपमति, भव तितीर्षु,–दुस्तर अपार,
कल्पना पुत्र मैं, भावी द्रष्टा निराधार,
सौन्दर्य स्वप्नचर,–नीति दण्डधर तुम उदार,
चिर परम्परा के रक्षक, जन हित मुक्त द्वार!

दिखलाया तुमने भारतीयता का स्वरूप,
जन मर्यादा का स्रोत-शून्य चिर अन्ध कूप,
जग से अबोध, जानता न था मैं छाँह धूप,
तुम युग-युग के जन विश्वासों के जीर्ण स्तूप!

यह वही अवध! तुलसी की संस्कृति का निवास!
श्री राम यहीं करते जन मानस में विलास!
अह, सतयुग के खँडहर का यह दयनीय ह्रास!
वह अकथनीय मानसिक दैन्य का बना ग्रास!!

ये श्रीमानों के भवन आज साकेत धाम!
संयत तप के आदर्श बन गये भोग काम!
आराधित सत्त्व यहाँ; पूजित धन, वंश नाम!
यह विकसित व्यक्तिवाद की संस्कृति! राम राम!!

श्री राम रहे सामन्त काल के ध्रुव प्रकाश,
पशुजीवी युग में नव कृषि संस्कृति के विकास;
कर सका मध्य युग नहीं जनों का तम विनाश;
वे रहे सनातनता के तब से क्रीत दास!

पशु युग में थे गणदेवों के पूजित पशुपति,
थी रुद्रचरों से कुण्ठित कृषि युग की उन्नति!
श्री राम रुद्र की शिव में कर जन हित परिणति,
जीवित कर गये अहल्या को, थे सीतापति!

वाल्मीकि बाद आये श्री व्यास जगत् वन्दित,
वह कृषि संस्कृति का चरमोन्नत युग था निश्चित;
बन गये राम तब कृष्ण, भेद मात्रा का मित,
वैभव युग की वंशी से कर जन मन मोहित!

तब से युग-युग के हुए चित्रपट परिवर्तित,
तुलसी ने कृषि मन युग अनुरूप किया निर्मित;
खो गया सत्य का रूप, रह गया नामामृत,
जन समाचरित वह सगुण बन गया आधारित!

गत सक्रिय गुण बन रूढ़ि रीति के जाल गहन
कृषि प्रमुख देश के लिए हो गये जड़ बन्धन;
जन नहीं, यन्त्र जीवनोपाय के अब वाहन,
संस्कृति के केन्द्र न वर्ग अधिप, जन साधारण!

उच्छिष्ट युगों का आज सनातनवत् प्रचलित,
बन गयी चिरन्तन रीति-नीतियाँ, स्थितियाँ मृत!
गत संस्कृतियाँ थीं विकसित वर्ग व्यक्ति आश्रित,
तब वर्ग व्यक्ति गुण, जन समूह गुण अब विकसित!

अति मानवीय था निश्चित विकसित व्यक्तिवाद
मनुजों में जिसने भरा देव पशु का प्रमाद;
जन जीवन बना न विशद, रहा वह निराह्लाद,
विकसित नर नर-अपवाद नहीं, जन-गुण-विवाद!

तब था न वाष्प विद्युत् का जग में हुआ उदय,
थे मनुज यन्त्र, युग पुरुष सहस्र हस्त बलमय;
अब यन्त्र, मनुज के कर पद बल, सेवक समुदय,
सामन्त मान अब व्यर्थ—समृद्ध विश्व अतिशय!

अब मनुष्यता को नैतिकता पर पानी जय,
गत वर्ग गुणों को जन संस्कृति में होना लय;
देशों राष्ट्रों को मानव जग बनाना निश्चय,
अन्तर जग को फिर लेना बहिर्जगत् आश्रय!

राम राम,
हे ग्राम्य देवता, यथा नाम!
शिक्षक हो तुम, मैं शिष्य, तुम्हें सविनय प्रणाम!
विजया, महुआ, ताड़ी, गाँजा पी सुबह शाम
तुम समाधिस्थ नित रहो, तुम्हें जग से न काम!

पण्डित, पण्डे, ओझा, मुखिया औ' साधु, सन्त
दिखलाते रहते तुम्हें स्वर्ग अपवर्ग पन्थ;
जो था, जो है, जो होगा,—सब लिख गये ग्रन्थ,
विज्ञान ज्ञान से बड़े तुम्हारे मन्त्र तन्त्र!

युग-युग से जनगण, देव! तुम्हारे पराधीन,
दारिद्र्य दुःख के कर्दमदृ में कृमि सश लीन!

बहु रोग शोक पीड़ित, विद्या बल बुद्धि हीन,
तुम. राम राज्य के स्वप्न देखते उदासीन!

जन अमानुषी आदर्शों के तम से कवलित,
माया उनका जग, मिथ्या जीवन, देह अनित;
वे चिर निवृत्ति के भोगों,–त्याग विराग विहित,
निज आचरणों में नरक जीवियों तुल्य पतित!

वे देव भाव के प्रेमी,–पशुओं से कुत्सित,
नैतिकता के पोषक,–मनुष्यता से वंचित,
बहु नारी सेवी,–पतिव्रता ध्येयी निज हित,
वैधव्य विधायक,–बहु विवाह वादी निश्चित!

सामाजिक जीवन के अयोग्य, ममता प्रधान,
संघर्षण विमुख, अटल उनको विधि का विधान;
जग से अलिप्त वे, पुनर्जन्म का उन्हें ध्यान,
मानव स्वभाव के द्रोही, श्वानों के समान!

राम राम,
हे ग्राम देव, लो हृदय थाम,
अब जन स्वातन्त्र्य युद्ध की जग में धूम धाम!
उद्यत जनगण युग क्रान्ति के लिए बाँध लाम,
तुम रूढ़ि रीति की खा अफीम लो चिर विराम!

यह जन स्वातन्त्र्य नहीं जनैक्य का वाहक रण,
यह अर्थ राजनीतिक न, सांस्कृतिक संघर्षण!
युग–युग की खण्ड मनुजता, दिशि–दिशि के जनगण
मानवता में मिल रहे,–ऐतिहासिक यह क्षण!

नव मानवता में जाति वर्ग होंगे सब क्षय,
राष्ट्रों के युग वृत्तांश परिधि में जग की लय!
जन आज अहिंसक, होंगे कल स्नेही सहृदय,
हिन्दू, ईसाई, मुसलमान,—मानव निश्चय!

मानवता अब तक देश काल के थी आश्रित,
संस्कृतियाँ सकल परिस्थितियों से थीं पीड़ित;
गत देश काल मानव के बल से आज विजित,
अब खर्व विगत नैतिकता मनुष्यता विकसित!

छायाएँ हैं संस्कृतियाँ मानव की निश्चित
वह केन्द्र, परिस्थितियों के गुण उसमें बिम्बित;
मानवी चेतना खोल युगों के गुण कवलित
अब नव संस्कृति के वसनों से होगी भूषित!

विश्वास, धर्म, संस्कृतियाँ, नीति रीतियाँ गत
जन संघर्षण में होंगी ध्वंस, लीन, परिणत;
बन्धन विमुक्त हो मानव आत्मा अप्रतिहत
नव मानवता का सद्य करेंगी युग स्वागत!

राम राम

हे ग्राम देवता, रूढ़िधाम!
तुम पुरुष पुरातन, देव सनातन पूर्ण काम,
जड़वत्, परिवर्तन शून्य, कल्प शत एक याम,
शिक्षक हो तुम, मैं शिष्य, तुम्हें शत शत प्रणाम!

जनवरी, '४०.

सन्ध्या के बाद

सिमटा पंख साँझ की लाली
जा बैठी अब तरु शिखरों पर
ताम्रपर्ण पीपल से, शतमुख
झरते चंचल स्वर्णिम निर्झर!
ज्योति स्तम्भ-सा धँस सरिता में
सूर्य क्षितिज पर होता ओझल,
बृहद् जिह्ना विश्लथ केंचुल-सा
लगता चितकबरा गंगाजल!

धूप-छाँह के रंग की रेती
अनिल ऊर्मियों से सर्पांकित,
नील लहरियों में लोड़ित
पीला जल रजत जलद से बिम्बित!
सिकता, सलिल, समीर सदा से
स्नेह पाश में बँधे समुज्ज्वल,
अनिल पिघलकर सलिल, सलिल
ज्यों गति द्रव खो बन गया लवोपल!

शंख घण्ट बजते मन्दिर में
लहरों में होता लय कम्पन,
दीपशिखा-सा ज्वलित कलश
नभ में उठकर करता नीराजन!
तट पर बगुलों-सी वृद्धाएँ
विधवाएँ जप ध्यान में मगन,
मन्थर धारा में बहता
जिनका अदृश्य गति अन्तर-रोदन!

दूर, तमस रेखाओं-सी,
उड़ते पंखों की गति-सी चित्रित
सोन खगों की पाँति
आर्द्र ध्वनि से नीरव नभ करती मुखरित!
स्वर्ण चूर्ण-सी उड़ती गोरज
किरणों की बादल-सी जल कर,
सनन् तीर-सा जाता नभ में
ज्योतित पंखों कण्ठों का स्वर!

लौटे खग, गायें घर लौटीं,
लौटे कृषक श्रान्त श्लथ डग धर,
छिपे गृहों में म्लान चराचर,
छाया भी हो गयी अगोचर,
लौट पैंठ से व्यापारी भी
जाते घर, उस पार नाव पर,
ऊँटों, घोड़ों के संग बैठे
खाली बोरों पर, हुक्का भर!

जाड़ों की सूनी द्वाभा में
झूल रही निशि छाया गहरी,
डूब रहे निष्प्रभ विषाद में
खेत, बाग, गृह, तरु तट लहरी!
बिरहा गाते गाड़ीवाले,
भूँक-भूँक कर लड़ते कुकर,
हुआ-हुआ करते सियार
देते विषण्ण निशि बेला को स्वर!

माली की मँड़ई से उठ,
नभ के नीचे नभ-सी धूमाली

मन्द पवन में तिरती
नीली रेशम की-सी हलकी जाली
बत्ती जला दुकानों में
बैठे सब कस्बे के व्यापारी,
मौन मन्द आभा में
हिम की ऊँघ रही लम्बी अँधियारी।

धुआँ अधिक देती है
टिन की ढबरी, कम करती उजियाला,
मन से कढ़ अवसाद श्रान्ति
आँखों के आगे बुनती जाला;
छोटी-सी बस्ती के भीतर
लेन देन के थोथे सपने
दीपक के मण्डल में मिलकर
मँडराते घिर सुख दुःख अपने!

कँप-कँप उठते लौ के संग
कातर उर क्रन्दन, मूक निराशा,
क्षीण ज्योति ने चुपके ज्यों
गोपन मन को दे दी हो भाषा!
लीन हो गयी क्षण में बस्ती,
मिट्टी खपरे के घर आँगन,
भूल गये लाला अपनी सुधि,
भूल गया सब ब्याज, मूलधन!

सकुची-सी परचून किराने की ढेरी
लग रहीं तुच्छतर,
इस नीरव प्रदोष में आकुल
उमड़ रहा अन्तर जग बाहर!

अनुभव करता लाला का मन,
छोटी हस्ती का सस्तापन,
जाग उठा उसमें मानव,
औ' असफल जीवन का उत्पीड़न!

दैन्य दुःख अपमान ग्लानि
चिर क्षुधित पिपासा, मृत अभिलाषा,
बिना आय की क्लान्ति बन रही
उसके जीवन की परिभाषा!
जड़ अनाज के ढेर सदृश ही
वह दिन भर बैठा गद्दी पर
बात-बात पर झूठ बोलता
कौड़ी की स्पर्द्धा में मर-मर!

फिर भी क्या कुटुम्ब पलता है?
रहते स्वच्छ सुघर सब परिजन?
बना पा रहा वह पक्का घर?
मन में सुख है? जुटता है धन?
खिसक गयी कन्धों से कथड़ी
ठिठुर रहा अब सर्दी से तन,
सोच रहा बस्ती का बनिया
घोर विवशता का निज कारण!

शहरी बनिसों-सा वह भी उठ
क्यों बन जाता नहीं महाजन?
रोक दिये हैं किसने उसकी
जीवन उन्नति के सब साधन;
यह क्या सम्भव नहीं
व्यवस्था में जग की कुछ हो परिवर्तन?

कर्म और गुण के समान ही
सकल आय-व्यय का हो वितरण?

घुसे घरौदों में मिट्टी के
अपनी-अपनी सोच रहे ज़न,
क्या ऐसा कुछ नहीं,
फूँक दे जो सबमें सामूहिक जीवन?
मिलकर जन निर्माण करें जग,
मिलकर भोग करें जीवन का,
जन विमुक्त हों जन शोषण से,
हो समाज अधिकारी धन का?

दरिद्रता पापों की जननी,
मिटें जनों के पाप, ताप, भय,
सुन्दर हों अधिवास, वसन, तन,
पशु पर फिर मानव की हो जय?
व्यक्ति नहीं, जग की परिपाटी
दोषी जन के दुःख क्लेश की,
जन का श्रम जन में बँट जाये,
प्रजा सुखी हो देश-देश की!

टूट गया वह स्वप्न वणिक का,
आयी जब बुढ़िया बेचारी,
आध पाव आटा लेने,-
लो, लाला ने फिर डण्डी मारी!
चीख उठा घुघ्घू डालों में
लोगों ने पट दिये द्वार पर,
निगल रहा बस्ती को धीरे,
गाढ़ असल निद्रा का अजगर!

दिसम्बर, '३९.

खिड़की से

पूस : निशा का प्रथम प्रहर : खिड़की से बाहर
दूर क्षितिज तक स्तब्ध आम्र मन सोया : क्षण-भर
दिन का भ्रम होता : पूनो ने तृण तरुओं पर
चाँदी मढ़ दी है, भू को स्वप्नों से जड़ कर!
चारु चन्द्रिकातप से पुलकित निखिल धरातल
चमक रहा है, ज्यों जल में बिम्बित जग उज्ज्वल!

स्पष्ट दीखते,–खिड़की की जाली में विजड़ित
कटहल, लीची, आम,–घूक गेंदुर से कम्पित;
फाटक औ' हाते के खम्भे, बगिया के पथ,
आधी जगत कुएँ की, कुरिया की छाजन श्लथ;
अस्पताल का भाग, मेहराबें दरवाजे,
स्फटिक सदृश जो चमक रहे चूने से ताजे!
औ'–टेढ़ी-मेढ़ी दिगन्त रेखा के ऊपर
पास-पास दो पेड़ ताड़ के खड़े मनोहर!

आधी खिड़की पर अगणित ताराओं से स्मित
हरित धरा के ऊपर नीलाम्बर छायांकित!
कचपचिया (कृत्तिका) सामने शोभित सुन्दर
मोती के गुच्छे-सी : भरणी ज्यों त्रिकोण वर!
पास रोहिणी, प्रिय मिलनातुर बाँह खोलकर,
सेन्दुर की बेंदी दे, जुड़वों को गोदी भर!
लुब्ध दृष्टि लुब्धक समीप ही, छोड़ रहा शर
आदि काल से मृग पर : मृगशिर सहज मनोहर!

उधर जड़े पुखराज लाल-से गुरु औ' मंगल
साथ साथ, जिनमें अवश्य गुरु सबसे उज्ज्वल!
हस्ता है प्रत्यक्ष : कठिन वृश्चिक का मिलना,
वह शायद आर्द्रा कहता हिमजल-सा हिलना!
ज्योति फेन-सी स्वर्गंगा नभ बीच तरंगित,
परियों की माया सरसी-सी छायालोकित;
ज्वलित पुञ्ज ताराओं के वाष्पों से सस्मित,
नीलम के नभ में रत्न प्रभ पुल-सी निर्मित!
खोज रहा हूँ कहाँ उदित सप्तर्षि गगन में
अरुन्धती को लिये साथ, विस्मित-से मन में!
प्रश्न चिह्न-से जो अनादि से नभ में अंकित,
उत्तर में स्थिर ध्रुव की ओर किये चिर इंगित,
पूछ रहे हों संसृति का रहस्य ज्यों अविदित–
'क्या है वह ध्रुव सत्य? गहन नभ जिससे ज्योतित!

ज्योत्स्ना में विकसित सहस्त्रदल-भू पर, अम्बर
शोभित ज्यों लावण्य स्वप्न अपलक नयनों पर!
यह प्रतिदिन का दृश्य नहीं, छल से वातायन
आज खुल गया अप्सरियों के जग में मोहन!
चिर परिचित माया बल से बन गये अपरिचित,
निखिल वास्तविक जगत् कल्पना से ज्यों चित्रित!
आज असुन्दरता, कुरूपता भू से ओझल,
सब-कुछ सुन्दर-ही-सुन्दर, उज्ज्वल-ही-उज्ज्वल!
एक शक्ति से, कहते, जग प्रपंच यह विकसित,
एक ज्योति-कर से समस्त जड़ चेतन निर्मित;
सच है यह : आलोक पाश में बँधें चराचर
आज आदि कारण की ओर खींचते अन्तर!

क्षुद्र आत्म-पर भूल, भूत सब हुए समन्वित,
तृण, तरु से तारालि-सत्य है एक अखण्डित!
मान ही क्यों इस असीम समता से वंचित?
ज्योति भीत, युग-युग से तमस विमूढ़, विभाजित!

दिसम्बर, '३९.

रेखाचित्र

चाँदी की चौड़ी रेती,
फिर स्वर्णिम गंगा धारा,
जिसके निश्चल उर पर विजड़ित
रत्न छाय नभ सारा!

फिर बालू का नासा
लम्बा ग्राह तुण्ड–सा फैला,
छितरी जल रेखा–
कछार फिर गया दूर तक मैला!

जिस पर मछुओं की मँड़ई,
औ' तरबूजों के ऊपर,
बीच–बीच में, सरपत के मूठे
खग–से खोले पर!

पीछे, चित्रित विटप पाँति
लहरायी सान्ध्य क्षितिज पर
जिससे सटकर
नील धूम्र रेखा ज्यों खिंची समान्तर!

बर्ह पुच्छ–से जलद पंख
अम्बर में बिखरे सुन्दर

रंग-रंग की हलकी गहरी
छायाएँ छिटका कर!

सब से ऊपर निर्जन नभ में
अपलक सन्ध्या तारा,
नीरव औ' निःसंग,
खोजता-सा कुछ, चिर पथहारा!

साँझ,-नदी का सूना तट,
मिलता है नहीं किनारा,
खोज रहा एकाकी जीवन
साथी, स्नेह सहारा!

जनवरी, '४०.

दिवा स्वप्न

दिन की इस विस्तृत आभा में, खुली नाव पर
आर पार के दृश्य लग रहे साधारणतर!
केवल नील फलक-सा नभ, सैकत रजतोज्ज्वल,
और तरल बिल्लौर वेश्मतल-सा गंगा जल-

चपल पवन के पदाचार से अहरह स्पन्दित-
शान्त हास्य से अन्तर को करते आह्लादित!
मुक्त स्निग्ध उल्लास उमड़ जल हिलकोरों पर
नृत्य कर रहा, टकरा पुलकित तट छोरों पर!

यह सैकत तट पिघल-पिघल यदि बन जाता जल
बह सकती यदि धरा चूमती हुई दिगंचल,
यदि न डुबाता जल, रहकर चिर मृदुल तरलतर,
तो मैं नाव छोड़, गंगा के गलित स्फटिक पर

आज लोटता, ज्योति जड़ित लहरों संग जी भर!
किरणों से खेलता मिचौनी मैं लुक-छिप कर,
लहरों के अंचल में फेन पिरोता सुन्दर,
हँसता कल-कल : मत्त नाचता, झूल पैंग भर

कैसा सुन्दर होता बदन न होता गीला
लिपटा रहता सलिल रेशमी पट-सा ढीला!
यह जल गीला नहीं गलित नभ केवल चंचल
गीला लगता हमें न भीगा हुआ स्वयं जल

हाँ चित्रित से लगते तृण-तरु भू पर बिम्बित
मेरे चल पद चूल धरणि हो उठती कम्पित!

एक सूर्य होता नभ में सौ भू पर विजड़ित
सिहर-सिहर क्षिति मारुत को करती आलिंगित!

निशि में ताराओं से होती धरा जब खचित
स्वप्न देखता स्वर्ग लोक में मैं ज्योत्स्ना स्मित!
गुन के बल चल रही प्रतनु नौका चढ़ाव पर
बदल रहे तट दृश्य चित्रपट पर ज्यों सुन्दर!

वह जल से सट कर उड़ते हैं चटुल पनेवा
इन पंखों की परियों को चाहिए न खेवा!
दमक रही उजियारी छाती करछौंहे पर
श्याम घनों से झलक रही बिजली क्षण-क्षण पर!

उधर कगारे पर अटका है पीपल तरुवर
लम्बी टेढ़ी जड़ें जटा-सी छितरीं बाहर!
लोट रहा सामने सूस पनडुब्बी-सा तिर,
पूँछ मार जल में चमकीली करवट खा फिर!

सोन कोक के जोड़े बालू की चाँदी पर
चोंचों से सहला कर, क्रीड़ा करते सुखकर!
बैठ न पातीं, चक्कर देतीं देव दिलाई,
तिरती लहरों पर सफेद काली परछाईं!

लो, मछरँगा उतर तीर-सा नीचे क्षण में
पकड़ तड़पती मछली को उड़ गया गगन में!
नरकुल की चोंचें ले चाहा फिरते फर्-फर्,
मँडराते सुरखाब व्योम में आर्त्तनाद कर,-

काले, पीले खैरे, बहुरंगे विचित्र पर,
चमक रहे बारी-बारी स्मित आभा से भर!
वह टीले के ऊपर तूँबी-सा, बबूल पर,
सरपत का घोंसला बया का लटका सुन्दर!

दूर उधर, जंगल में भीटा एक मनोहर
दिखलायी देता है वन देवों का–सा घर;
जहाँ खेलते छायातप, मारुत तरु–मर्मर,
स्वप्न देखती विजन शान्ति में मौन दोपहर!

वन की परियाँ धूपछाँह की साड़ी पहने
जहाँ विचरतीं चुनने ऋतु कुसुमों के गहने!
वहाँ मत्त करती मन नव मुकुलों की सौरभ,
गुंजित रहता सतत द्रुमों का हरित श्वसित नभ!

वहाँ गिलहरी दौड़ा करती तरु डालों पर
चंचल लहरी–सी, मृदु रोमिल पूँछ उठाकर
और वन्य विहँगों–कीटों के सौ–सौ प्रिय स्वर
गीत वाद्य से बहलाते शोकाकुल अन्तर!

वहीं कहीं जी करता, मैं जाकर छिप जाऊँ,
मानव जग के क्रन्दन से छुटकारा पाऊँ
प्रकृति नीड़ में व्योम खगों के गाने गाऊँ
अपने चिर स्नेहातुर उर की व्यथा भुलाऊँ!

जनवरी, '४०.

सौन्दर्य कला

नव वसन्त की रूप राशि का ऋतु उत्सव यह उपवन,
सोच रहा हूँ, जन जग से क्या सचमुच लगता शोभन!
या यह केवल प्रतिक्रिया, जो वर्गों के संस्कृत जन
मन में जागृत करते, कुसुमित अंग, कण्टकावृत मन!

रंग-रंग के खिले फ्लॉक्स वरवीना, छपे डियान्थस,
नत दृग ऐण्टिह्विनम तितली-सी पेंजी पॉपी सालस;
हँसमुख कैण्डीटफ्ट रेशमी चटकीले नैस्टरशम,
खिली स्वीट पी,-एवण्डन्स, फिलवास्केट औ' ब्लू बैण्टम!

दुहरे कार्नेशन्स, स्वीट सुलतान सहज रोमांचित,
ऊँचे हॉली हाँक, लार्कस्पर पुष्प स्तम्भ से शोभित;
फूले बहु मखमली, रेशमी, मृदुल गुलाबों के दल,
धवल मिसेज एड्रू कार्नेगी, ब्रिटिश क्वीन हिम उज्ज्वल!

जोसेफ हिल, सनबर्स्ट पीत, स्वर्णिम लेडी हेलिण्डन,
ग्रेण्ड मुगल, रिचमण्ड; विकच ब्लैक प्रिन्स नील लोहित तन;
फेअरी क्वीन, मार्ग्रेट मृदु, वीलियम शीन चिर पाटल
बटन रोज बहु लाल, ताम्र माखनी रंग के कोमल!

विविध आयताकार, वर्ग षट्कोण क्यारियाँ सुषमित,
वर्तुल, अण्डाकृति नव रुचि से कटी छँटी, दूर्वावृत;
चित्रित से उपवन में शत रंगों में आतप छाया,
सुरभि श्वसित मारुत, पुलकित कुसुमों की कम्पित काया!

नव वसन्त की श्री शोभा का दर्पण-सा यह उपवन,
सोच रहा हूँ, क्या विवर्ण जन जग से लगता शोभन!
इस मटमैली पृथ्वी ने सतरंगी रवि किरणों से
खींच लिये किस माया बल से सब रंग आभरणों-से?

युग-युग से किन सूक्ष्म बीज कोषों से विकसित होकर
राशि-राशि ये रूप रंग भू पर हो रहे निछावर!
जीवन ये भर सके नहीं मृण्मय तन में धरती के,
सुन्दरता के सब प्रयोग लग रहे प्रकृति के फीके!

जग विकास क्रम में सुन्दरता कब की हुई पराजित,
तितली, पक्षी, पुष्प वर्ग इसके प्रमाण हैं जीवित!
हृदय नहीं इस सुन्दरता के, भावोन्मेष न मन में
अंगों का उल्लास न चिर रहता, कुम्हलाता क्षण में!

हुआ सृष्टि में बुद्ध हृदय जीवों का तभी पर्दापण,
जड़ सुन्दरता को निसर्ग कर सका न आत्म समर्पण!
मानव उर में भर ममत्व जीवों के जीवन के प्रति
चिर विकास प्रिय प्रकृति देखती तब से मानव परिणति!

आज मानवी संस्कृतियाँ हैं वर्ग चयन से पीड़ित,
पुष्प पक्षियों-सी वे अपने ही विकास में सीमित!
इस विशाल जन जीवन के जग से हो जाति विभाजित
व्यापक मनुष्यत्व से वे सब आज हो रहीं वंचित!

हृदय हीन, अस्तित्व मुग्ध से वर्गों के जन निश्चित,
वेश वसन भूषित बहु पुष्प-वनस्पतियों-से शोभित!
हुआ कभी सौन्दर्य कला युग अन्त प्रकृति जीवन में,
मानव जग से जाने को वह अब युग परिवर्तन में!

हृदय, प्रेम के पूर्ण हृदय से निखिल प्रकृति जग शासित,
जीव प्रेम के सम्मुख रे जीवन सौन्दर्य पराजित!
नव वसन्त की वर्ग कला का दर्शन गृह यह उपवन,
सोच रहा हूँ विश्री जन जग से लगता क्या शोभन!

फरवरी, '४०.

स्वीट पी के प्रति

कुल वधुओं-सी अयि सलज्ज, सुकुमार!
शयन कक्ष, दर्शन गृह की श्रृंगार!

उपवन के यत्नों से पोषित,
पुष्प पात्र में शोभित रक्षित,
कुम्हलाती जाती हो तुम निज शोभा ही के भार!
कुल वधुओं-सी अयि सलज्ज, सुकुमार!

सुभग रेशमी वसन तुम्हारे
सुरंग, सुरुचिमय,-
अपलक रहते लोचन!
फूट-फूट अंगों से सारे
सौरभ अतिशय
पुलकित कर देती मन!
उन्नत वर्ग वृन्त पर निर्भर,
तुम संस्कृत हो सहज सुघर,
औ' निश्चय वानस्पत्य चयन में
दोनों निर्विशेष हो सुन्दर!
निबल शिराओं में, मृदु तन में
बहती युग-युग से जीवन के सूक्ष्म रुधिर की धार!
कुल वधुओं-सी अयि सलज्ज, सुकुमार!

मृदुल मलय के स्नेह स्पर्श से
होता तन में कम्पन,
जीवन के ऐश्वर्य हर्ष से
करता उर नित नर्तन-

केवल हास विलासमयी तुम
शोभा ही में शोभन
प्रणय कुंज में साँझ प्रात
करती हो गोपन कूजन!
जग से चिर अज्ञात,
तुम्हें बाँधे निकुञ्ज गृह द्वार!
कुल वधुओं-सी अयि सलज्ज, सुकुमार!

हाय, न क्या आन्दोलित होता
हृदय तुम्हारा
सुन जगती का क्रन्दन?
क्षुधित व्यथित मानव रोता
जीवन पथ हारा
सह दुःसह उत्पीड़न!
छोड़ स्वर्ण पिंजर
न निकल आओगी बाहर
खोल वंश अवगुण्ठन!
युग-युग-युग से दुःख कातर
द्वार खड़े नारी नर
देते तुम्हें निमन्त्रण!
जग प्रांगण में क्या न करोगी तुम जन हित अभिसार?
कुल वधुओं-सी अयि सलज्ज, सुकुमार!

क्या न बिछाओगी जन पथ पर
स्नेह सुरभिमय
पलक पँखड़ियों के दल!
स्निग्ध दृष्टि से जन-मन हर
आँचल से ढँक दोगी न शूल चय?
जर्जर मानव पदतल!

क्या व करोगी जन स्वागत
सस्मित मुख से?
होने को आज युगान्तर?
शोषित दलित हो रहे जाग्रत,
उनके सुख से
समुच्छ्वसित क्या नहीं तुम्हारा अन्तर?
क्या न, विजय से फूल, बनोगी तुम जन उर का हार?
कुल वधुओं-सी अयि सलज्ज, सुकुमार!

हाय, नहीं करुणा ममता है मन में कहीं तुम्हारे!
तुम्हें बुलाते
रोते गाते
युग-युग से जन हारे!
ऊँची डाली से तुम क्षण-भर
नहीं उतर सकती जन भू पर!
फूली रहती
भूली रहती
शोभा ही के मारे!
केवल हास हुलासमयी तुम!
केवल मनोविलासमयी तुम!
विभव भोग उल्लासमयी तुम!
तुमको अपनाने के सारे
व्यर्थ प्रयत्न हमारे!
वधिरा तुम निष्ठुरा,—जनों की विफल सकल मनुहार!
कुल वधुओं-सी अयि सलज्ज, सुकुमार!

फरवरी, '४०.

कला के प्रति

तुम भाव प्रवण हो!

जीवन प्रिय हो, सहनशील, सहृदय हो, कोमल मन हो!
ग्राम तुम्हारा वास रूढ़ियों का गढ़ है चिर जर्जर,
उच्च वंश मर्यादा केवल स्वर्ण-रत्नप्रभ पिंजर!
जीर्ण परिस्थितियाँ ये तुम में आज हो रहीं बिम्बित,
सीमित होती जाती हो तुम, अपने ही में अवसित!
तुम्हें तुम्हारा मधुर शील कर रहा अजान पराजित;
वृद्ध हो रही हो तुम प्रतिदिन, नहीं हो रही विकसित!

नारी की सुन्दरता पर मैं होता नहीं विमोहित,
शोभा का ऐश्वर्य मुझे करता अवश्य आनन्दित!
विशद स्त्रीत्व का ही मैं मन में करता हूँ नित पूजन,
जब आभा देही नारी आह्लाद प्रेम कर वर्षण
मधुर मानवी की महिमा से भू को करती पावन!

तुम में सब गुण हैं : तोड़ो अपने भय कल्पित बन्धन
जड़ समाज के कर्दम से उठकर सरोज-सी ऊपर
अपने अन्तर के विकास से जीवन के दल दो भर!
सत्य नहीं बाहर : नारी का सत्य तुम्हारे भीतर,
भीतर ही से करो नियन्त्रित जीवन को, छोड़ो डर!

दिसम्बर, '३९.

स्त्री

यदि स्वर्ग कहीं है पृथ्वी पर, तो वह नारी के उर के भीतर
दल–पर–दल खोल हृदय के स्तर
जब बिठलाती प्रसन्न होकर
वह अमर प्रणय के शतदल पर!

मादकता जग में कहीं अगर, वह नारी अधरों में सुखकर,
क्षण में प्राणों की पीड़ा हर
नव जीवन का दे सकती वर
वह अधरों पर धर मदिराधर!

यदि कहीं नरक है इस भू पर, तो वह भी नारी के अन्दर,
वासनावर्त में डाल प्रखर
वह अन्ध गर्त में चिर दुस्तर
नर को ढकेल सकती सत्वर!

जनवरी, '४०.

आधुनिका

पशुओं से मृदु चर्म, पक्षियों से ले प्रिय रोमिल पर,
ऋतु कुसुमों से सुरंग सुरुचिमय चित्र वस्त्र ले सुन्दर,
सुभग रूज, लिपस्टिक, ब्रौस्टिक, पौडर से कर मुख रंजित,
अंगराग, क्यूटेक्स अलक्तक से बन नख शिख शोभित;
'सागर तल से ले मुक्ताफल, खानों से मणि उज्ज्वल'–
रजत स्वर्ण में अंकित तुम फिरती अप्सरि-सी चंचल!

शिक्षित तुम संस्कृत, युग के सत्याभासों में पोषित,
समकक्षिणी नरों की तुम, निज द्वन्द्व मूल्य पर गर्वित;
नारी की सौन्दर्य मधुरिमा औ' महिमा से मण्डित,
तुम नारी उर की विभूति से, हृदय सत्य से वंचित!
प्रेम, दया, सहृदयता, शील, क्षमा, पर दुःख कातरता,
तुममें तप, संयम, सहिष्णुता नहीं त्याग तत्परता!

लहरी-सी तुम चपल लालसा श्वास वायु से नर्तित,
तितली-सी तुम फूल-फूल पर मँडराती मधुक्षण हित!
मार्जारी तुम, नहीं प्रेम को करती आत्म समर्पण,
तुम्हें सुहाता रंग प्रणय, धन पद मद, आत्म प्रदर्शन!
तुम सब-कुछ हो, फूल, लहर, तितली, विहगी, मार्जारी,
आधुनिके, तुम नहीं अगर कुछ, नहीं सिर्फ तुम नारी!

फरवरी, '४०.

मजदूरनी के प्रति

नारी की संज्ञा भुला, नरों के संग बैठ,
चिर जन्म सुहृद-सी जन हृदयों में सहज पैठ,
जो बँटा रही तुम जग जीवन का कामकाज
तुम प्रिय हो मुझे : न छूती तुमको काम लाज!

सर से आँचल खिसका है,–धूल भरा जूड़ा,–
अधखुला वक्ष,–ढोती तुम सिर पर धर कूड़ा;
हँसती, बतलाती सहोदरा-सी जन-जन से,
यौवन का स्वास्थ्य झलकता आतप-सा तन से!

कुल वधू सुलभ संरक्षण से तुम हो वंचित,
निज बन्धन खो, तुमने स्वतन्त्रता की अर्जित!
स्त्री नहीं, आज मानवी बन गयीं तुम निश्चित,
जिसके प्रिय अंगों को छू अनिलातप पुलकित!

निज द्वन्द्व प्रतिष्ठा भूल जनों के बैठ साथ,
जो बँटा रही तुम कामकाज में मधुर हाथ,
तुमनें निज तन की तुच्छ कंचुकी को उतार
जग के हित खोल दिये नारी के हृदय द्वार!

फरवरी, '४०.

नारी

हाय, मानवी रही न नारी लज्जा से अवगुण्ठित,
वह नर की लालस प्रतिमा, शोभा सज्जा से निर्मित!
युग-युग की वदिनी, देह की कारा में निज सीमित,
वह अदृश्य अस्पृश्य विश्व से, गृह पशु-सी ही जीवित!

सदाचार की सीमा उसके तन से है निर्धारित,
पूत योनि वह : मूल्य चर्म पर केवल उसका अंकित;
अंग-अंग उसका नर के वासना चिह्न से मुद्रित,
वह नर की छाया, इंगित संचालित, चिर पद लुण्ठित!

वह समाज की नहीं इकाई,—शून्य समान अनिश्चित,
उसका जीवन मान-मान पर नर के है अवलम्बित!
मुक्त हृदय वह स्नेह प्रणय कर सकती नहीं प्रदर्शित,
दृष्टि, स्पर्श संज्ञा से वह हो जाती सहज कलंकित!

योनि नहीं है रे नारी, वह भी मानवी प्रतिष्ठित,
उसे पूर्ण स्वाधीन करो, वह रहे न नर पर अवसित!
द्वन्द्व क्षुधित मानव समाज पशु जग से भी है गर्हित,
नर नारी के सहज स्नेह से सूक्ष्म वृत्ति हों विकसित!

आज मनुज जग से मिट जाये कुत्सित, लिंग विभाजित
नारी नर की निखिल क्षुद्रता, आदिम मानों पर स्थित!
सामूहिक-जन-भाव-स्वास्थ्य से जीवन हो मर्यादित,
नर-नारी की हृदय मुक्ति से मानवता हो संस्कृति!

दिसम्बर, '३९.

द्वन्द्व प्रणय

धिक् रे मनुष्य, तुम स्वच्छ, स्वस्थ, निश्छल चुम्बन
अंकित कर सकते नहीं प्रिया के अधरों पर?
मन में लज्जित, जन से शंकित, चुपके गोपन
तुम प्रेम प्रकट करते हो नारी से, कायर!

क्या गुह्य, क्षुद्र ही बना रहेगा, बुद्धिमान् !
नर नारी का स्वाभाविक, स्वर्गिक आकर्षण?
क्या मिल न सकेंगे प्राणों से प्रेमार्त प्राण
ज्यों मिलते सुरभि समीर, कुसुम अलि, लहर किरण?

क्या क्षुधा तृषा औ' स्वप्न जागरण-सा सुन्दर
है नहीं काम भी नैसर्गिक, जीवन द्योतक?
बन जाता अमृत न देह-गरल छू प्रेम-अधर?
उज्ज्वल करता न प्रणय सुवर्ण, तन का पावक?

पशु पक्षी से फिर सीखो प्रणय कला, मानव!
जो आदि जीव, जीवन संस्कारों से प्रेरित,
खग युग्म गान गा करते मधुर प्रणय अनुभव,
मृग मिथुन श्रृंग से अंगों को कर मृदु मर्दित!

मत कहो मांस की दुर्बलता, हे जीव प्रवर!
है पुण्य तीर्थ नर नारी जन का हृदय मिलन,
आनन्दित होओ, गर्वित, यह जीवन का वर,
गौरव दो द्वन्द्व प्रणय को, पृथ्वी हो पावन!

दिसम्बर, '३९.

१९४०

समर भूमि पर मानव शोणित से रंजित निर्भीक चरण धर
अभिनन्दित हो दिग् घोषित तोपों की गर्जन से प्रलयंकर,
शुभागमन नव वर्ष कर रहा, हालाडोला पर चढ़ दुर्धर,
बृहद् विमानों के पंखों से बरसा कर विष वह्नि निरन्तर!

इधर अड़ा साम्राज्यवाद, शत शत विनाश के ले आयोजन,
उधर प्रतिक्रिया रुद्ध शक्तियाँ क्रुद्ध दे रहीं युद्ध निमन्त्रण,
सत्य न्याय के बाने पहने, सत्य लुब्ध लड़ रहे राष्ट्रगण,
सिन्धु तरंगों पर उठ गिर क्रय-विक्रय स्पर्द्धा करती नर्तन!

धू-धू करती वाष्प शक्ति, विद्युत् ध्वनि करती दीर्ण दिगन्तर,
ध्वंस भ्रंश करते विस्फोटक धनिक सभ्यता के गढ़ जर्जर!
तुमुल वर्ग संघर्ष में निहित जनगण का भविष्य लोकोत्तर,
इन्द्रचाप पुल-सा नव वत्सर शोभित प्रलय प्रभ मेघों पर!

आओ हे दुर्धर्ष वर्ष! लाओ विनाश के साथ नव सृजन,
विंश शताब्दी का महान् विज्ञान ज्ञान ले, उत्तर यौवन!

जनवरी, '४०.

सूत्रधार

तुम धन्य, वस्त्र व्यवसाय कला के सूत्रधार,
बर्बर जन के तन से हर वल्कल चर्म भार,
तुमने आदिम मानव की हर नव द्वन्द्व लाज,
बन शीत ताप हित कवच, बचाया जन समाज!
तकली, चरखे, करघे से अब आधुनिक यन्त्र
तुम बने : यन्त्र बल पर ही मानव लोकतन्त्र
स्थापित करने को अब मानवता का विकास
यन्त्रों के संग हुआ, सिखलाता नृ-इतिहास!

जड़ नहीं यन्त्र : वे भाव रूप : संस्कृति द्योतक :
वे विश्व शिराएँ, निखिल सभ्यता के पोषक!
रेडियो, तार औ' फोन,-वाष्प, जल वायुयान,
मिट गया दिशावधि का जिनसे व्यवधान मान;
धावित जिनमें दिशि-दिशि का मन,-वार्त्ता, विचार,
संस्कृति, संगीत-गगन में झंकृत निराकार!

जीवन सौन्दर्य प्रतीक यन्त्र : जन के शिक्षक :
युग क्रान्ति प्रवर्तक औ' भावी के पथ दर्शक!
वे कृत्रिम, निर्मित नहीं, जगत् क्रम में विकसित,
मानव भी यन्त्र, विविध युग स्थितियों में वर्द्धित!
दार्शनिक सत्य यह नहीं-यन्त्र जड़, मानवकृत,
वे हैं अमूर्त : जीवन विकास की कृति निश्चित!

फरवरी, '४०.

संस्कृति का प्रश्न

राजनीति का प्रश्न नहीं रे आज जगत् के सम्मुख,
अर्थ साम्य भी मिटा न सकता मानव जीवन के दुःख!
व्यर्थ सकल इतिहासों, विज्ञानों का सागर मन्थन,
वहाँ नहीं युग लक्ष्मी, जीवन सुधा, इन्दु जन मोहन!

आज बृहत् सांस्कृतिक समस्या जग के निकट उपस्थित,
खण्ड मनुजता को युग-युग की होना है नव निर्मित,
विविध जाति, वर्गों, धर्मों को होना सहज समन्वित,
मध्य युगों की नैतिकता को मानवता में विकसित!

जग जीवन के अन्तर्मुख नियमों से स्वयं प्रवर्तित
मानव का अवचेतन मन हो गया आज परिवर्तित;
बाह्य चेतनाओं में उसके क्षोभ, क्रान्ति, उत्पीड़न,
विगत सभ्यता दन्त-शून्य फणि-सी करती युग नर्तन!

व्यर्थ आज राष्ट्रों का विग्रह, औ' तोपों का गर्जन,
रोक न सकते जीवन की गति शत विनाश आयोजन;
नव प्रकाश में तमस युगों का होगा स्वयं निमज्जित,
प्रतिक्रियाएँ विगत गुणों की होंगी शनैः पराजित!

जनवरी, '४०.

सांस्कृतिक हृदय

कृषि युग से वाहित मानव का सांस्कृतिक हृदय
जो गत समाज की रीति नीतियों का समुदय,
आचार-विचारों में जो बहु देता परिचय,
उपजाता मन में सुख-दुःख, आशा, भय, संशय;

जो भले बुरे का ज्ञान हमें देता निश्चित
सामन्त जगत् में हुआ मनुज के वह निर्मित!
उन युग स्थितियों का आज दृश्य पट परिवर्तित,
प्रस्तर युग की सभ्यता हो रही अब अवसित!

जो अन्तर जग था बाह्य जगत् पर अवलम्बित
वह बदल रहा युगपत् युग स्थितियों से प्रेरित।
बहु जाति धर्म औ, नीति कर्म में पा विकास
गत सगुण आज लय होने को : औ' नव प्रकाश

नव स्थितियों के सर्जन से हो अब शनैः उदय
बन रहा मनुज की नव आत्मा, सांस्कृतिक हृदय!

फरवरी, '४०.

भारत ग्राम

सारा भारत है आज एक रे महा ग्राम!

है मान चित्र ग्रामों के, उसके प्रथित नगर,
ग्रामीण हृदय में उसके शिक्षित संस्कृत नर,
जीवन पर जिनका दृष्टिकोण प्राकृत, बर्बर,
वे सामाजिक जन नहीं, व्यक्ति हैं अहंकाम!

है वही क्षुद्र चेतना, व्यक्तिगत राग द्वेष,
लघु स्वार्थ वही, अधिकार सत्त्व तृष्णा अशेष,
आदर्श, अन्धविश्वास वही,–हो सभ्यवेश,
संचालित करते जीवन जन का क्षुधा काम!

वे परम्परा प्रेमी, परिवर्तन से विभीत,
ईश्वर परोक्ष से ग्रस्त, भाग्य के दास क्रीत,
कुल जाति कीर्ति प्रिय उन्हें, नहीं मनुजत्व प्रीत,
भव प्रगति मार्ग में उनके पूर्ण धरा विराम!

लौकिक से नहीं, अलौकिक से है उन्हें प्रीति,
वे पाप-पुण्य सन्त्रस्त, कर्म गति पर प्रतीति,
उपचेतन मन से पीड़ित, जीवन उन्हें ईति,
है स्वर्ग मुक्ति कामना, मर्त्य से नहीं काम!

आदिम मानव करता अब भी जन में निवास,
सामूहिक संज्ञा का जिसकी न हुआ विकास,
जन जीवी जन दारिद्र्य दुःख के बने ग्रास,
परवशा यहाँ की चर्म सती ललना ललाम!

जन द्विपद : कर सके देश काल को नहीं विजित,
वे वाष्प वायुयानों से हुए नहीं विकसित,
वे वर्ग जीव, जिनसे जीवन साधन अधिकृत,
लालायित करते उन्हें वही धन, धरणि धाम!

ललकार रहा जग को भौतिक विज्ञान आज
मानव को निर्मित करना होगा नव समाज,
विद्युत् औ' वाष्प करेंगे जन निर्माण काज,
सामूहिक मंगल हो समान : समदृष्टि राम!

दिसम्बर, '३९.

स्वप्न और सत्य

आज भी सुन्दरता के स्वप्न
हृदय में भरते मधु गुञ्जार,
वर्ग कवियों ने जिनको गूँथ
रचा भू स्वर्ग, स्वर्ण संसार!

आज भी आदर्शों के सौध
मुग्ध करते जन मन अनजान,
देश देशों के कालि' दास
गा चुके जिनके गौरव गान!

मुहम्मद, ईसा, मूसा, बुद्ध
केन्द्र संस्कृतियों के, श्री राम,
हृदय में श्रद्धा, सम्भ्रम, भक्ति
जगाते विकसित व्यक्ति ललाम!

धर्म, बहु दर्शन, नीति, चरित्र
सूक्ष्म चिर का गाते इतिहास,
व्यवस्थाएँ, सस्थाएँ, तन्त्र
बाँधते मन बन : स्वर्णिम पाश!

आज रे, जग जीवन का चक्र
दिशा गति बदल चुका अनिवार,
सिन्धु में जन युग के उद्दाम
उठ रहा नव्य शक्ति का ज्वार!

आज मानव जीवन का सत्य
धर रहा नये रूप आकार,
आज युग का गुण है–जन-रूप
रूप जन संस्कृति के आधार!

स्थूल, जन आदर्शों की सृष्टि
कर रही नव संस्कृति निर्माण,
स्थूल–युग का शिव-सुन्दर, सत्य
स्थूल ही सूक्ष्म आज, जन-प्राण!

दिसम्बर, '३९.

बापू!

चरमोन्नत जग में जब कि आज विज्ञान ज्ञान,
बहु भौतिक साधन, यन्त्र यान, वैभव महान्,
सेवक हैं विद्युत् वाष्प शक्ति : धन बल नितान्त,
फिर क्यों जग में उत्पीड़न? जीवन यों अशान्त?

मानव ने पायी देश काल पर जय निश्चय,
मानव के पास नहीं मानव का आज हृदय!
चर्वित उसका विज्ञान ज्ञान : वह नहीं पचित :
भौतिक मद से मानव आत्मा हो गयी विजित!

है श्लाघ्य मनुज का भौतिक संचय का प्रयास,
मानवी भावना का क्या पर उसमें विकास?
चाहिए विश्व को आज भाव का नवोन्मेष,
मानव उर में फिर मानवता का हो प्रवेश!

बापू! तुम पर हैं आज लगे जग के लोचन,
तुम खोल नहीं जाओगे मानव के बन्धन?

दिसम्बर, '३९.

अहिंसा

बन्धन बन रही अहिंसा आज जनों के हित,
वह मनुजोचित निश्चित, कब? जब जन हो विकसित!
भावात्मक आज नहीं वह; वह अभाव वाचक :
उसका भावात्मक रूप प्रेम केवल सार्थक!

हिंसा विनाश यदि, नहीं अहिंसा मात्र सृजन,
वह लक्ष्य शून्य अब : भर न सकी जन में जीवन;
निष्क्रिय : उपचेतन ग्रस्त : एक देशीय परम,
सांस्कृतिक प्रगति से रहित आज जन हित दुर्गम!

हैं सृजन विनाश सृष्टि के आवश्यक साधन
यह प्राणि शास्त्र का सत्य नहीं, जीवन दर्शन!
इस द्वन्द्व जगत् में द्वन्द्वातीत निहित संगति,
है जीव जीव का जीवन,–रोक न सका प्रगति!

भव तत्त्व प्रेम : साधन हैं उभय विनाश सृजन,
साधन बन सकते नहीं सृष्टि गति में बन्धन!

फरवरी, '४०.

पतझर

झरो, झरो, झरो!
जंगम जग प्रांगण में,
जीवन संघर्षण में
नव युग परिवर्तन में
मन के पीले पत्तो!
झरो, झरो, झरो!

सन् सन् शिशिर समीरण
देता क्रान्ति निमन्त्रण!
यही जीवन विस्मृति क्षण,–
जीर्ण जगत् के पत्तो!
टरो, टरो, टरो!

कँप कर, उड़ कर, गिर कर,
दब कर, पिस कर, चर मर,
मिट्टी में मिल निर्भर,
अमर बीज के पत्तो!
मरो, मरो, मरो!

तुम पतझर, तुम मधु–जय!
पीले दल, नव किसलय,

तुम्हीं सृजन, वर्द्धन, लय,
आवागमनी पत्तो!
सरो, सरो, सरो!

जाने से लगता भय?
जग में रहना सुखमय?
फिर आओगे निश्चय!
निज चिरत्व से पत्तो!
डरो, डरो, डरो!

जन्म मरण से होकर,
जन्म मरण को खोकर,
स्वप्नों में जग सोकर,
मधु पतझर के पत्तो!
तरो, तरो, तरो!

फरवरी, '४०.

उद्‌बोधन

खोलो वासना के वसन,
नारी नर!

वाणी के बहु रूप, बहु वेश, बहु विभूषण
खोलो सब, बोलो सब
एक वाणी,–एक प्राण, एक स्वर!
वाणी केवल भावों–विचारों की वाहन,
खोलो भेद भावना के मनोवसन
नारी नर!

खोलो जीर्ण विश्वासों, संस्कारों के शीर्ण वसन,
रूढ़ियों रीतियों, आचारों के अवगुण्ठन,
छिन्न करो पुराचीन संस्कृतियों के जड़ बन्धन,–
जाति वर्ण, श्रेणि वर्ग से विमुक्त जन नूतन
विश्व सभ्यता का शिलान्यास करें भाव शोभन;
देश राष्ट्र मुक्त धरणि पुण्य तीर्थ हो पावन!
मोह पुरातन की वासना है, वासना दुस्तर,
खोलो सनातनता के शुष्क वसन,
नारी नर!

समरांगण बना आज मानव उपचेतन मन,
नाच रहे युग–युग के प्रेत जहाँ छाया–तन;

धर्म वहाँ, कर्म वहाँ नीति, रीति, रूढ़ि चलन,
तर्क वाद, सत्य न्याय, शास्त्र वहाँ, षड् दर्शन;
खण्ड-खण्ड में विभक्त विश्व चेतना प्रांगण,
भित्तियाँ खड़ी हैं वहाँ देश काल की दुर्धर!
ध्वंस करो, भ्रंश करो, खँडहर हैं ये खँडहर,
खोलो विगत सभ्यता के क्षुद्र वसन
नारी नर!

नव चेतन मनुज आज करें धरणि पर विचरण,
मुक्त गगन में समूह शोभन ज्यों तारागण;
प्राणों-प्राणों में रहे ध्वनित प्रेम का स्पन्दन,
जन से जन में रे बहे, मन से मन में जीवन;
मानव हो मानव–हो मानव में मानवपन
अन्न वस्त्र में प्रसन्न, शिक्षित हों सर्व जन;
सुन्दर हों वेश, सब के निवास हों सुन्दर,
खोलो परम्परा के कुरूप वसन,
नारी नर!

दिसम्बर, '४०.

नव इन्द्रिय

नव जीवन की इन्द्रिय दो हे, मानव को,
नव जीवन की नव इन्द्रिय,
नव मानवता का अनुभव कर सके मनुज
नव चेतनता से सक्रिय!

स्वर्ग खण्ड इस पुण्य भूमि पर
प्रेत युगों के करते ताण्डव,
भव मानव का मिलन तीर्थ
बन रहा रक्त चण्डी का रौरव!

अनिर्वाप्य साम्राज्य लालसा
अगणित नर आहुति देती नव,
जाति वर्ग औ' देश राष्ट्र में
आज छिड़ा प्रलयंकर विप्लव!

नव युग की नव आत्मा दो पशु मानव को,
नव जीवन की नव इन्द्रिय,
भव मानवता का साम्राज्य बने भू पर
दश दिशि के जनगण को प्रिय!

सितम्बर, '३९.

कवि किसान

जोतो हे कवि, निज प्रतिभा के
फल से निष्ठुर मानव अन्तर,
चिर जीर्ण विगत की खाद डाल,
जन-भूमि बनाओ सम सुन्दर!

बोओ, फिर जन मन में बोओ,
तुम ज्योति पंख नव बीज अमर,
जग जीवन के अंकुर हँस-हँस
भू को हरीतिमा से दें भर!

पृथ्वी से खोद निराओ, कवि,
मिथ्या विश्वासों के तृण खर,
सींचो अमृतोपम वाणी की
धारा से मन, भव हो उर्वर!

नव मानवता का स्वर्ण-शस्य-
सौन्दर्य लुनाओ जन-सुखकर,
तुम जग गृहिणी, जीवन किसान,
जन हित भण्डार भरो निर्भर!

जनवरी, '४०.

वाणी!

तुम वह न कर सको जन मन में मेरे विचार,
वाणी मेरी, चाहिए तुम्हें क्या अलंकार!

भव कर्म आज युग की स्थितियों से है पीड़ित,
जग का रूपान्तर भी जनैक्य पर अवलम्बित,

तुम रूप कर्म से मुक्त, शब्द के पंख मार,
कर सको सुदूर मनोनभ में जन के विहार,
वाणी मेरी, चाहिए तुम्हें क्या अलंकार!

चित् शून्य,–आज जग, नव निनाद से हो गुंजित,
मन जड़,–उसमें नव स्थितियों के गुण हों जागृत,

तुम जड़ चेतन की सीमाओं के आर पार
झंकृत भविष्य का सत्य कर सको स्वराकार,
वाणी मेरी, चाहिए तुम्हें क्या अलंकार!

युग कर्म शब्द, युग रूप शब्द, युग सत्य शब्द,
शब्दित कर भावी के सहस्र शत मूक अब्द,

ज्योतित कर जन मन के जीवन का अन्धकार,
तुम खोल सको मानव उर से निःशब्द द्वार,
वाणी मेरी चाहिए तुम्हें क्या अलंकार!

फरवरी, '४०.

नक्षत्र

(अपनी कॉटेज के प्रति)

मेरे निकुंज, नक्षत्र वास!
इस छाया मर्मर के वन में
तू स्वप्न नीड़-सा निर्जन में
है बना प्राण पिक का विलास!

लहरी पर दीपित ग्रह समान
इस भू उभार पर भासमान,
तू बना मूक चेतनावान
पा मेरे सुख दुःख, भावोच्छ्वास!

आती जग की छवि स्वर्ण प्रात,
स्वप्नों की नभ-सी रजत रात,
भरती दश दिशि की चारवात
तुझमें वन वन की सुरभि साँस!

कितनी आशाएँ मनोल्लास,
संकल्प महत् उच्चाभिलाष,
तुझमें प्रतिक्षण करते निवास,-
है मौन श्रेय साधन प्रयास!

तू मुझे छिपाये रह अजान
निज स्वर्ण मर्म में खग समान,
होगा अग जग का कण्ठ गान
तेरे इन प्राणों का प्रकाश!
मेरे निकुंज, नक्षत्र वास!

१९३२.

आँगन से

रोमांचित हो उठे आज नव वर्षा के स्पर्शों से!
छोटे से आँगन मेरे, तुम रीते थे वर्षों से!
नव दूर्वा के हरे प्ररोहों से अब भरे मनोहर
मरकत के टुकड़े से लगते तुम विजड़ित भू उर पर!

जन निवास से दूर, नीड़ में वन तरुओं के छिपकर,
भू उरोज-से उभरे इस एकान्त मौन भीटे पर
कोमल शाद्वल अंचल पर लेटा मैं स्मित चिन्तन पर,
जीवन की हँसमुख हरीतिमा को देखूँ आँखें भर!

एक ओर गहरी खाईं में सोया तरुओं का तम
केका रव के चकित, बखेरे सुख स्वप्नों का सम्भ्रम!
और दूसरी ओर मंजरित आम्र विपिन कर मुखरित
मधु में पिक, पावस में पी-खग करे हृदय को हर्षित!

हरित भरित वन नीम उच्छ्वसित शाखाओं का विह्वल
वक्षभार, हाँ, रहे झुकाये मेरे ऊपर कोमल!

अगस्त, '३९.

याद

विदा हो गयी साँझ, विनत मुख पर झीना आँचल धर,
मेरे एकाकी आँगन में मौन मधुर-स्मृतियाँ भर!
वह केसरी दुकूल अभी भी फहरा रहा क्षितिज पर,
नव असाढ़ के मेघों से घिर रहा बराबर अम्बर!

मैं बरामदे में लेटा, शय्या पर, पीड़ित अवयव,
मन का साथी बना बादलों का विषाद है नीरव!
सक्रिय यह सकरुण विषाद,–मेघों से उमड़-उमड़कर
भावी के बहु स्वप्न, भाव बहु व्यथित कर रहे अन्तर!

मुखर विरह दादुर पुकारता उत्कण्ठित भेकी को,
बर्हभार से मोर लुभाता मेघ-मुग्ध केकी को;
आलोकित हो उठता सुख से मेघों का नभ चंचल,
अन्तरतम में एक मधुर स्मृति जग-जग उठती प्रतिपल!

कम्पित करता वक्ष धरा का घन गम्भीर गर्जन स्वर,
भू पर ही आ गया उतर शत धाराओं में अम्बर!
भीनी-भीनी भाप सहज ही साँसों में घुल-मिलकर
एक और भी मधुर गन्ध से हृदय दे रही है भर!

नव असाढ़ की सन्ध्या में, मेघों के तम में कोमल,
पीड़ित एकाकी शय्या पर, शत भावों में विह्वल,
एक मधुरतम स्मृति पल-भर विद्युत्-सी जलकर उज्ज्वल
याद दिलाती मुझे हृदय में रहती जो तुम निश्चल!

जुलाई, '३९.

गुलदावदी

शय्या ग्रस्त रहा मैं दो दिन, फूलदान में हँसमुख
चन्द्र मल्लिका के फूलों को रहा देखता सम्मुख!
गुलदावदी कहूँ,–कोमलता की सीमा ये कोमल!
शैशव स्मिति इनमें जीवन की भरी स्वच्छ, सद्योज्ज्वल!

पुंज-पुंज उल्लास, लीन लावण्य, राशि में अपने,
मृदु पंखड़ियों के पलकों पर देख रहा हो सपने!
उज्ज्वल सूरज का प्रकाश, ज्योत्स्ना भी उज्ज्वल, शीतल,
उज्ज्वल सौरभ-अनिल, और उज्ज्वल निर्मल सरसी जल;

इन फूलों की उज्ज्वलता छू लेती अन्तर के स्तर,
मधुर अवयवों में बँध वह ज्यों हो आ गयी निकटतर!
मृदुल दलों के अंगजाल से फूट त्वचा-कोमल सुख
सहृदय मानवीय स्पर्शों से हर लेता मन का दुःख!

तृण-तृण में औ' निखिल प्रकृति में जीवन की है क्षमता!
पर मानव का हृदय लुभाती मानव करुणा ममता!

दिसम्बर, '३९.

विनय

विज्ञान ज्ञान बहु सुलभ, सुलभ बहु नीति धर्म,
संकल्प कर सकें जन, इच्छा अनुरूप कर्म!
उपचेतन : मन पर विजय पा सके चेतन मन,
मानव को दो यह शक्ति : पूर्ण जग के कारण!

मनुजों की लघु चेतना मिटे, लघु अहंकार,
नव युग के गुण से विगत गुणों का अन्धकार!
हो शान्त जाति विद्वेष, वर्ग गत रक्त समर,
हों शान्त युगों के प्रेत, मुक्त मानव अन्तर!

संस्कृत हों सब जन, स्नेही हों, सहृदय, सुन्दर,
संयुक्त कर्म पर हो संयुक्त शिव निर्भर!
राष्ट्रों से राष्ट्र मिलें, देशों से देश आज,
मानव से मानव,–हो जीवन निर्माण काज!

हो धरणि जनों की जगत् स्वर्ग,–जीवन का घर,
नव मानव को दो, प्रभु! भव–मानवता का वर!

फरवरी, '४०.